イラスト版
発達に遅れのある子どもと学ぶ性のはなし

子どもとマスターする性のしくみ・いのちの大切さ

伊藤修毅
［日本福祉大学子ども発達学部准教授］
［編著］

合同出版

この本を読まれるみなさまへ

この本は、知的障害や発達障害などによって発達に遅れや偏りのある子どもたちと「セクシュアリティ」（性と生）について学ぶための参考書です。子どもたちの保護者、教育・療育・福祉的支援に携わっている方々が、子どもたちといっしょにセクシュアリティを学び、考える際に、役に立つ本をめざしました。

また、子どもたちばかりでなく、さまざまな事情で、じゅうぶんに性教育を受けられないまま、学校を卒業してしまった青年たちにも、参考になる内容を盛り込みました。

発達に遅れがあってもなくても、性的な成熟は、おなじようにやってきます。しかし、子どもたちの性的な発達や成長を、当然のこととして受け止めることにためらう人が少なくないのも事実です。「子どもの発達・成長を喜ぶ」という保護者や教育者・支援者がごく自然に抱くはずの感情が、「性」が関わると、「ためらい」の感情に変わるのはなぜなのでしょうか？

また、性教育をおこなおうとすると、「自然にわかること」「寝た子をおこすな」という理由で横槍が入るという状況も厳然と残っています。しかし、子どもはいつまでも寝ていません。最近では「ポルノ的感覚」に毒された情報がインターネットのサイトなどを介して、発達に遅れのある子どもたちにも容易に届く環境になっています。

子どもたちは、内から湧きでたものであれ、外部からの刺激に反応したものであれ、発達段階に応じて「性的言動」を表出させます。その際、まわりのおとなたちは「そんなこと言ってはダメ！」「そんなことをしてはダメ！」と、理由も話さずに、頭ごなしに禁止しがちです。禁止のメッセージだけでは、内部からのものであれ外的なものであれ、子どもたちは性的な問題に向きあうことができませんし、おとなとの信頼関係を築くこともできません。

この本は以下の２つの重要な原則に立脚しています。

１つ目は、**「寝た子は科学的におこす必要がある」**というスタンスです。

２つ目は、**「禁止することは禁止」**というスタンスです。

このスタンスに立ちながら、子どもたちが直面する性の問題に対応するためには、まず、おとなが学ぶことから始めなくてなりません。わたしを含めおとなたちの多くは、基礎から十分にセクシュアリティを学んできたわけではありません。おとな自身が「まず学び直す」ためにもこの本が役立つことを期待しています。

子どもたちが自分のこころ・からだ・いのちをたいせつだと実感し、自分のセクシュアリティを自分で決めることができ、さらに、自分以外の人も「おなじようにたいせつ」な存在であることと認識している「ステキなおとな」になることを願っています。

この本が、そのための手助けの１冊となれば幸いです。

執筆者を代表して　伊藤修毅

もくじ

本書の活用のしかた

【項目の分類と年齢区分について】

この本は、『子どもの性的発達論【入門】――性教育の課題にチャレンジする試論10章』（浅井春夫［著］、十月舎、2005年）の第8章「性的発達を踏まえた性教育プログラムの提案」を参考にしました。浅井さんは、「性の自己受容・自己実現」「性の自己決定・自立」「性の健康・喜び」「性の平和・共生」という4つの「性教育の基本的方向性」に基づき、「からだ・性器の科学的理解」「性行動の賢明な選択」「性をめぐる人間関係の学習」「性的人権の尊重」という4つの「具体的課題」を示しています。この「具体的課題」が、この本の4つの章の原型になっています。

また、浅井さんは、幼児期・小学校低学年・小学校高学年・中学生・高校生・成人という段階に分けて重点課題を整理しています。本書では、発達の遅れの多様性をふまえて、年齢区分は「教え始めの目安となる生活年齢」と考え、3～5歳くらい、6～9歳くらい、10～12歳くらい・13～15歳くらい・16～18歳くらいという、あいまいさを残した段階を設定し、各章の各年齢区分に2つないし3つの項目を設定しました（見出しの下と右端のインデックスには「めやす」とだけ表記しています）。

この本を使って、子どもたちに系統的な性教育プログラムを実践する際は、まずは、3～5歳の項目を一通りおこない、それが終わったら6～9歳の項目へというように同じ年齢区分におかれた項目を終えてから、次の年齢区分の項目へと進んでください。系統的な実践が難しい場合は、年齢区分をてがかりに、子どもたちの発達に即した、必要な項目を実践してください。ただし、「発達の遅れ」をいいわけにして取り組みが消極的にならないようにご留意ください。

【ご留意いただきたいポイント】

①まずは、おとなが学ぶことから

この本は、おとな（保護者、教師、支援者など）が「子どもと一緒に学ぶ」ことを大切にしていますが、「子どもと一緒に学ぶ」前に、まずはおとな自身がその内容をしっかりと学習することが大切です。この本に加えて、様々な資料や文献なども活用し、子どもとどのような対話をしながら学んでいくのがよいかを十分に考えてから、「子どもと一緒に」この本を活用するようにしてください。

なお、本書の表記は、「めやす」の年齢に応じて平仮名中心にしたり、漢字にふりがなをつける形にしたりしています。いくつか漢字にふりがなのついていない部分がありますが、これは、「子どもと一緒に」ということよりも、おとな自身が支援のあり方を考えることを重視した項目と理解してください。

②くりかえし説明する

先を急がず、ていねいにくりかえし説明し、理解できるようにします。前の年齢区分の項目が十分に身についていないまま、先の年齢区分に進む必要はありません。後戻りしてもかまいません。

年齢区分は一定の「目安」と考えてください。

目の前の子どもが「性的問題行動」をおこしたので、それに対応する項目を実践したいというケースも多いかと思います。留意しなければならないのは、その行動を「問題行動」ととらえ、「禁止のメッセージ」だけを伝える「禁止の教育」に陥らないことです。

発達に遅れのある子どもの「性的問題行動」のほとんどは、必要な性教育を受けてこなかったことに起因します。子どもたちが性に対するさまざまなことがらを教えられないままに放置されてきたのです。

「性的問題行動」がおこった際は、「子どもが性に関わることを教えてほしいと訴えている」ととらえ、その子どもが「学んでいないこと」を発見し、そこにさかのぼって、ひとつずつステップを踏んで教えてください。

③全体をバランスよく教える

どの年齢区分においても、4 つの章に整理された「具体的課題」をバランスよく進めていくことが重要です。子どもの状況に応じて、時間をかけた方がいい項目やそれほど時間をかけなくても受け止められる課題があると思いますが、満遍なく教えて、学びに「偏り」が生じないようにこころがけてください。

【10 歳に近づいたらかならず教えたいこと】

発達に遅れがある子どもの中には、予期せぬ心身の変化に対応することがとても苦手な子どもたちがいます。発毛、夢精、月経、乳房の隆起などの二次性徴期のからだの変化は、発達に遅れがある子どもたちに大きなとまどいを与える、予期せぬ現象としてあらわれます。

思春期になるとからだが勝手に変化していくというできごとに対して、自分の身におこるポジティブな変化として「期待」をもって迎えられるような「教育」をあらかじめ、ていねいにくりかえしておこなっておくことがたいせつです。

実際にからだの変化がおこったときには、本人もまわりも祝福できるように環境をつくっておきたいものです。これらの関連項目は、便宜上、10 ～ 12 歳くらいを教え始めの目安としましたが、10 歳に近づいたら、もれなく始めてほしい項目です。

【発達に遅れのある青年・おとなへの支援】

この本は 18 歳までの「発達に遅れのある子ども」に視点をあてましたが、性教育を 18 歳までに限定する必要はまったくありません。むしろ、18 歳を過ぎてから、「より現実的な課題」として性の問題に取り組む必要性も大きくなります。発達に遅れのある「青年」「おとな」のみなさま、その支援者のみなさまもぜひご活用いただきたいと念願しております。

第1章　からだの理解

01 じぶんのからだをしろう

めやす 3～5歳

幼いころから、「自分のからだが大好き」と実感するさまざまな機会をつくります。

たとえば、きょうあった楽しかったことなどを話しながらいっしょにおふろにはいります。おふろは、からだの各部の名前を教える機会にもなります。からだについて名前をおぼえると、自然と自分のからだに対して関心をもつようになります。

また、からだをつかったワークや歌あそびをすると、自分のからだやおとなのからだを観察する機会になります。自分とは違うおとなのからだもふしぎな感じがするけれど、ドキドキしながらいつかそんなおとなになれることを楽しみにするようになるといいです。

この時期では、ペニスを「おちんちん」、ワギナを「おちょんちょん」とよびます。女の子にも性器があることを意識させます。

1 かぞくといっしょにおふろにはいる

かぞくのひとにからだのなまえをおしえてもらいましょう。
「あたま」といったら、じぶんも「あたま」というように、おなじことをくりかえしてよびあいましょう。

2 からだのえをかいて、なまえをつける

❶じぶんとおなじおおきさのえをかく
おおきなかみのうえにあおむけにねて、えんぴつでからだのりんかくをかきます。かおのところにじぶんのかおじゃしんをつけます。

❷からだのなまえをはりつける
かみのけ、あたま、め、はな、くち、まゆげ、みみ、むね、かた、ちぶさ、おなか、うで、て、おへそ、あし、せいき（おちんちん／ペニス、おちょんちょん／ワギナ）　など

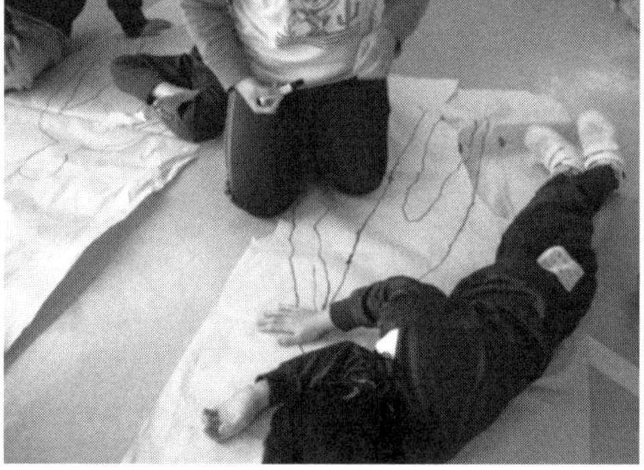

からだのなまえをはるときは、あたまのてっぺんからじゅんばんに、はっていきます。
がっこうなどでみんなとおこなうときは、みんなでおおきなこえでからだのなまえをよびながらはっていきましょう。

❸みずぎをつくって、えにきさせる

みずぎでかくしたところは、とてもたいせつなところです。やくそくをよんでおぼえてください。

やくそく

- せいき(おちんちん／ペニス、おちょんちょん／ワギナ)は人にはみせない
- ひとにさわらせない
- ひとのたいせつなところにもさわらない
- でも、びょうきのときは、おいしゃさんやおとうさん・おかあさんにみせたり、さわらせてもいい

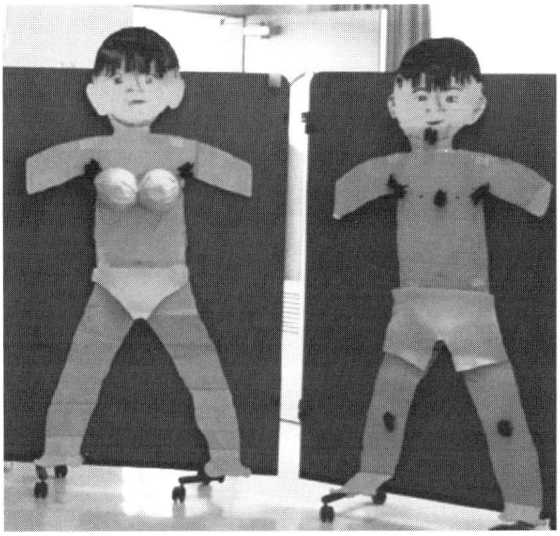

3 「からだっていいな」のうた

からだのつながりやなまえをおぼえながらうたあそびをしましょう。

「ロンドンばし」のメロディーにあわせてうたをうたい、さいごにリーダーがからだのなまえを入れてうたい、みんなは、うたったところにてをあてます。

♪あたま・かた・ひざ、ぽん！　ひざ、ぽん！
ひざ、ぽん！　あたま・かた・ひざ、ぽん！
(リーダー) ○○○○

リーダーがじぶんのからだにないものをうたったときは、てで×をつくって【ない】のあいずをします(おとこの子《こ》ならおちょんちょんのとき、おんなの子《こ》ならおちんちんのとき、しっぽ、おひげなど)。

アドバイス

子どもが、自分のからだの主人公になるためには、自分のからだの各部位の名前を知り、そのはたらきを理解する必要があります。そのことから、自分のからだを肯定的に受け止める意識が育っていきます。

手や足がどうつながっているか、手や足の指の本数、１つのものと２つあるもの、複数あるもの、からだの左右、前と後、裏と表などを教えます。ボディイメージを育てるためにはからだの名前と場所などを感覚的につかむことが大切です。

障害の重い子どもは、自分のからだのイメージをもつことが困難なばあいが多く、具体的な教材を利用して教えます。からだの型取り、からだのパーツ貼り、フェルトでつくった性器（15ページ参照）などの教材が効果的です。

音楽に合わせて、支援者といっしょにからだにふれながら、からだの部位を確認していくワークも効果的です。歌いながらおこなうことで、ゲーム的な感覚を楽しめます。

02 からだのとくべつなぶぶん（プライベートゾーン）

めやす 3〜5歳

おちんちん、おちょんちょん、おしり、女の子のおっぱいは「プライベートゾーン」です。「プライベート」は「個人の」、「ゾーン」は「場所」という意味です。

プライベートゾーンは、たいせつなからだの中でも、とくにたいせつな部分なので、男の子も女の子も下着や水着を着けることで隠し、自分のからだを他者から守ります。プライベートゾーンは簡単に見せたり、さわらせたりしてはいけないことを伝えます。

ただし、おふろやトイレ、けがや病気で親やお医者さんに手当てしてもらうときなど、場面によっては「見せてもいい」「さわらせてもいい」ときがあることも知らせます。

1 とくべつにたいせつなところ

みずぎでかくしたぶぶん（むね・せいき・おしり・そしておおきくなったらくちびる）は、からだのなかでもとくべつにたいせつなところなので、ひとにみせたり、さわらせたりはしません。しっかりまもりましょう。かくれているぶぶんのことを「プライベートゾーン」といいます。

◆おとこのこ　◆おんなのこ　◆プライベートゾーンにみずぎをつけましょう

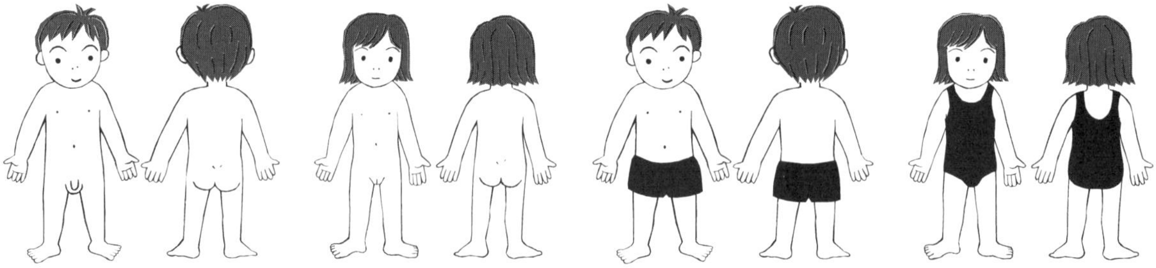

2 プライベートゾーンをさわられたときは……

もし、だれかにプライベートゾーンをさわられそうになったり、さわられてしまったり、みられたりしたら「ダメ！　やめて〜！　さわらないで！」とおおきなこえでいいます。
しんらいできるおとなにはなしましょう（くわしくは、40ページをみてください）。

- じぶんのプライベートゾーンをほかのひとにはさわらせません。
- ほかのひとのプライベートゾーンをかってにさわりません。
- プライベートゾーンでなくても、からだにとつぜんさわられると、おおくのひとが「いやだ」とかんじます。
- じぶんがさわられたときは、はっきりと「いやだ」といいます。
- あいてが「いやだ」とおもうところは、ぜったいにさわりません。
- プライベートゾーンは、ひとのいるところではみせません。

3 プライベートゾーンをみせたり、さわらせてもいいとき

◆びょうきやけがで、びょういんにいったとき

◆おふろやさんなどで、きがえをするとき

アドバイス

幼いときから自分のからだのたいせつさ、プライベートゾーンはとくにたいせつな部分であると教えることは、性被害を受けないための予防にもなります。被害を受けそうになったら、大声を出して逃げる練習をし、被害を受けてしまったばあいは、きちんとそのことを大人に伝えるように教えます。

けがや病気でお医者さんが診察するときや、発達の遅れの程度によっては、介助でプライベートゾーンにふれるばあいはかならず、「あなたのたいせつなところをさわってごめんね」という言葉がけをしてください。あくまでも、プライベートゾーンをさわってもいいのは「自分だけ」が原則です。

「プライベートゾーン」という言葉が難しいばあいは「あなたの特別にたいせつなところ」と話してあげるといいでしょう。乳幼児期の女の子は、あまり胸を意識しないかもしれませんが、学齢期になる前には胸を、また、男女共に性的な「キス」を意識するようになったら、「くちびる」をプライベートゾーンに加えることも重要です。

03 おふろってきもちいい

めやす 3～5歳

おとなといっしょにおふろに入る子どもの時期に、おふろの入り方、からだの洗い方をしっかり教えます。おふろでからだを洗うことは、からだの形や名前、自分のからだに関心をもつたいせつな機会です。

保護者や支援者が子どもといっしょにおふろに入ったときは、「きもちいいね」「きれいにしようね」と声を掛け、おふろは楽しい時間、きれいにすることはきもちがいいことを体験させます。しっかりときもちよさを体感できるようにすることがたいせつです。

おふろは、子どもにからだの各部位を意識させるとてもよい機会です。性器についても、そのたいせつさや清潔に保つための洗い方などを伝えます。

1 おふろにはいろう

からだをきれいにすることはきもちいいことです。できるだけ、1にち1かいはおふろにはいりましょう。

❶じゅんびするもの

❷ふくをぬぐ

❸からだをあらう。あらったあと、しっかりあわをながしましょう。

❹ゆぶねにつかる

2 からだをあらう

からだをあらうときは、うえからじゅんばんに、かみのけ、あたま、かお、みみのうしろ、くび（くびのうしろもわすれずに）、て、うで、わき、むね、おなか、せなか、せいき（おちんちん、おちょんちょん）、おしり、ふともも（あしのつけね）、あし、あしのこう、あしのうらなどがポイントです。
おふろごっこをして、あらうばしょをこえにだして、ようふくのうえからタオルでこすってみるのもよいです。うたをつくり、あらうばしょをしじするとたのしいゲームになります。

◆おちんちん・おちょんちょんのあらいかた
からだをあらっているせっけんのあわを、てのひらにあつめます。てでやさしくあらいます。
おとこのこはおちんちんのかわをむいて、なかのあか（よごれ）もあらいます。
おちょんちょんはとてもやわらかく、ゴシゴシあらうと、きずつけてしまいます。からだをあらったときにながれてくるせっけんがついたてで、ひだのあいだもやさしくあらうようにしましょう。

アドバイス

自分の体臭や手足や顔が汚れていることにむとんちゃくな子どもがいます。また、周囲がどのように感じているかに関心をもたない子どももいます。

健康のためにもからだを清潔にすることは必要ですが、「汚いでしょ！」と注意するのは、やめます。言われた子どもたちが、自分自身を汚い存在であると感じ、自己肯定感を損ねる可能性も少なくありません。発達に遅れのある子の中には、ずっと「自分は汚い」と、言い続けることもあります。

おふろに入ることや顔や手を洗う機会を意識的にふやして、清潔にするきもちよさを体感させます。

保護者や支援者といっしょにおふろに入る年齢を超えた子どもには、校外学習などの機会に銭湯や温泉にいくプログラムを組み入れます。

また、服を着たままの「模擬おふろ」の授業で、おふろの入り方を学習するのも効果的です。からだを洗わずに湯船に入る子どもや、「ここ（ペニスやワギナ）を洗うなんてはじめて知った」という子どもがいます。

04 おとこの子とおんなの子のからだ

めやす 6〜9歳

男の子には、おちんちんがあります。女の子には、おちょんちょんがあります。性器だけで性別が決定されるわけではありませんが、性器のかたちで男／女は決められます。

性器を説明するときには、女の子には「おちんちんがない」といったなにかが欠落しているという表現をせず、性器が存在することを示すことがたいせつです。

また、発達段階に応じて、おちんちん＝男の子の性器＝ペニス、おちょんちょん＝女の子の性器＝ワギナと、性器の名前をきちんといえるように教えていきます。

1 どっちがおとこの子《こ》？　おんなの子《こ》？

どっちがおとこの子《こ》で、どっちがおんなの子《こ》でしょうか。ふくをぬいではだかにならないと、おとこの子《こ》かおんなの子《こ》かわかりません。
じっさいの大《おお》きさくらいのおとこの子《こ》・おんなの子《こ》・下着《したぎ》・ふくをかみで作《つく》り、やさしくぬがせてあげましょう。

❶ふくを着《き》ている

❶しつれいします。べんきょうのために、きょうは、とくべつにふくをぬがしていいですか？

❷下着《したぎ》

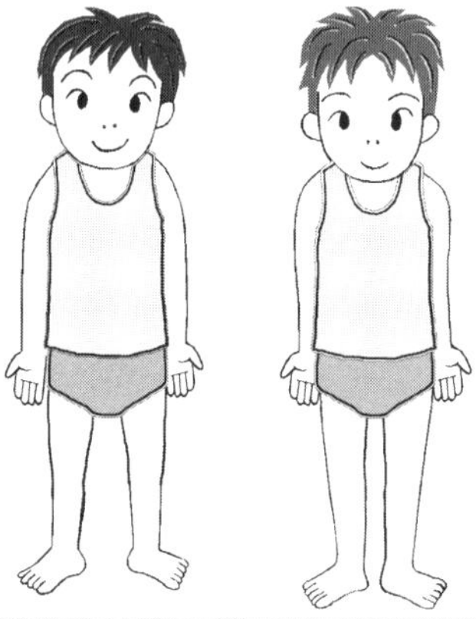

❷下着《したぎ》をつけていると、おとこの子《こ》かおんなの子《こ》かがまだわかりません。

❸はだか

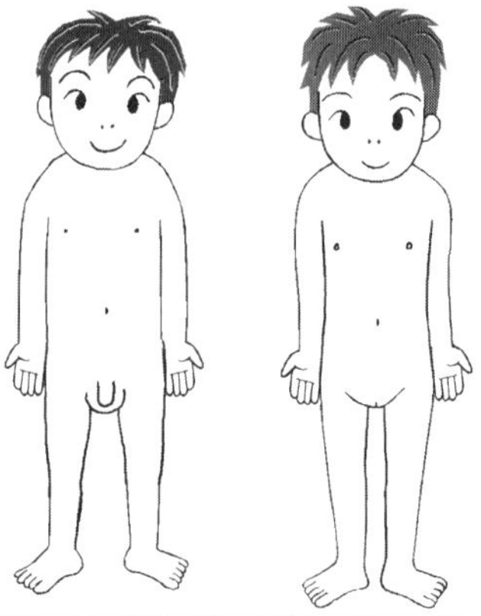

❸性器《せいき》のちがいでおとこの子《こ》かおんなの子《こ》かがわかります。
おちんちんがあるのがおとこの子《こ》、
おちょんちょんがあるのがおんなの子《こ》です。

2 おちんちんとおちょんちょん

◆おちんちん（ペニス）

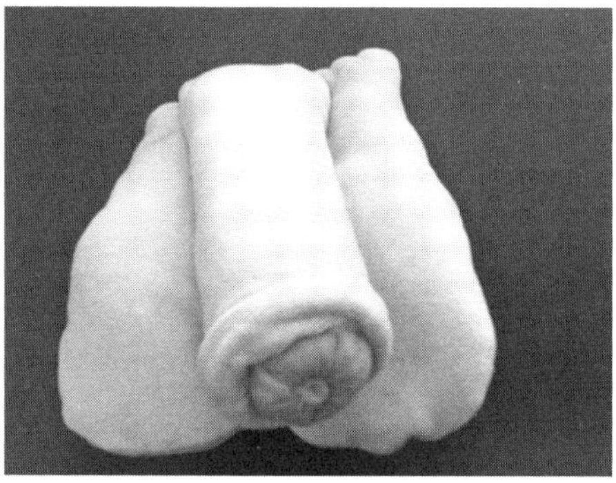

◆おちょんちょん（ワギナ）

＊布でつくった教材があれば、手でふれさせながら教えることができます。

3 え、し、作文《さくぶん》をかいてみよう

写真《しゃしん》絵本《えほん》『おんなのこってなあに？　おとこのこってなあに？』（ステファニー・ワックスマン［著《ちょ》］、山本直英《やまもとなおひで》［訳《やく》］、福音館書店《ふくいんかんしょてん》）をよみ、えほんのなかから、すきなえをえらんでかいてみましょう。

しや、作文《さくぶん》をかいてみるのもいいでしょう。

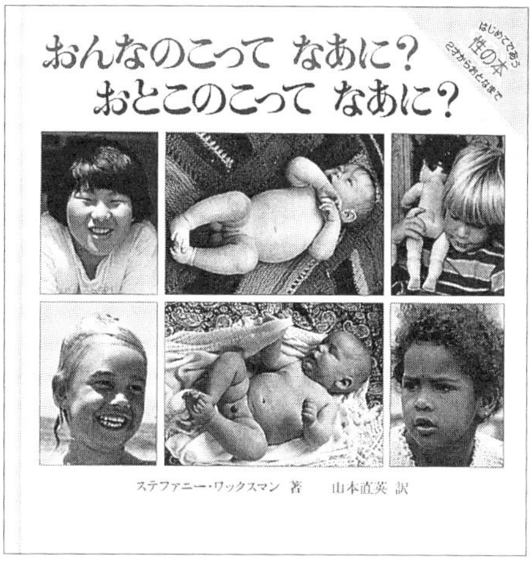

＊絶版になっています。
図書館などをさがしてみてください。

アドバイス

からだのしくみを教えるときは、男女いっしょにおこなうと効果的です。からだの違いを強調することよりも、まずは共通点を教えます。そのうえで、おたがいの違いを共感をもって受け止められるように教えてください。

異性のからだへの興味から、いきなり男性が女性のからだにふれる「問題行動」がおこることがありますが、幼児期から異性のからだについて知識をもつことで、そのようなトラブルは少なくなっていきます。

男の子は、小さいときから日常的に自分の性器にふれる機会がありますが、女の子の性器は隠れていることから、自分では確認する機会がありません。おふろに入ったときなど、自分の性器を鏡で映して確認させることも、自分のからだを認識するためにたいせつなことです。

自分のからだは自分のもの、自分のからだはどこをさわってもよいことを教え、「自分のからだの主人公」の意識を育てていきます（42ページ参照）。

05 おとこの子の性器ってどうなっているの？

めやす 6 ～ 9 歳

　男の子の性器の細長いところを「ペニス」といいます。ペニスの第１の役割はおしっこ出すことです。きちんとペニスを手でもち、便器のまわりを汚さないように、便器の中におしっこを命中させます。最後まで、おしっこを出し切り、ペニスをふって、先っぽについたおしっこを落とします。

　また、ペニスをさわっていると、きもちよく感じたり、ほっとしたりします。それはけっしていやらしいことではありません。でも、みんながいるところでペニスをさわることはいやがられます。みんながいないところやじぶんの部屋でさわることはいけないことではありません（42 ページ参照）。

1 おとこの子の性器《せいき》

◆おとこの子《こ》の外性器《がいせいき》（見《み》えている性器《せいき》）

ペニスの大《おお》きさやかたちは、人《ひと》それぞれにちがいます。人《ひと》とくらべて性器《せいき》が大《おお》きかったり小《ちい》さかったりしても気《き》にすることはありません。陰《いん》のうの大《おお》きさが左右《さゆう》でちがっていたり、ペニスのむきが左右《さゆう》のどちらかにかたむいていることもあります。

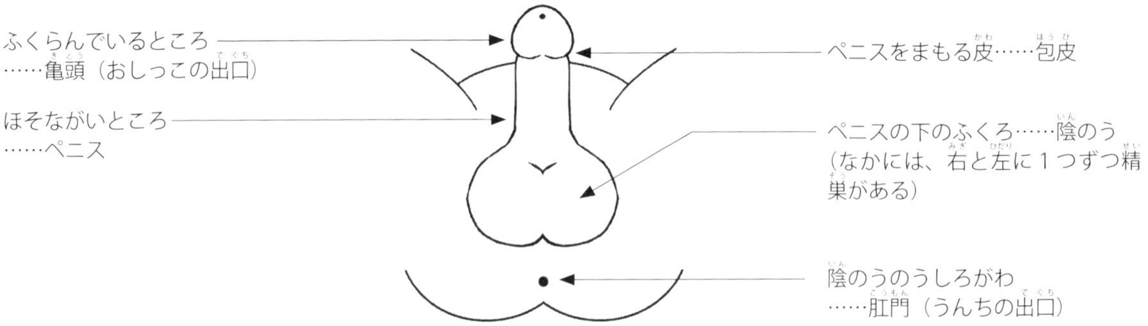
ふくらんでいるところ
……亀頭《きとう》（おしっこの出口《でぐち》）
ほそながいところ
……ペニス
ペニスをまもる皮《かわ》……包皮《ほうひ》
ペニスの下のふくろ……陰《いん》のう
（なかには、右《みぎ》と左《ひだり》に１つずつ精《せい》巣《そう》がある）
陰《いん》のうのうしろがわ
……肛門《こうもん》（うんちの出口《でぐち》）

◆おとこの子《こ》の内性器《ないせいき》（見《み》えていない性器《せいき》）

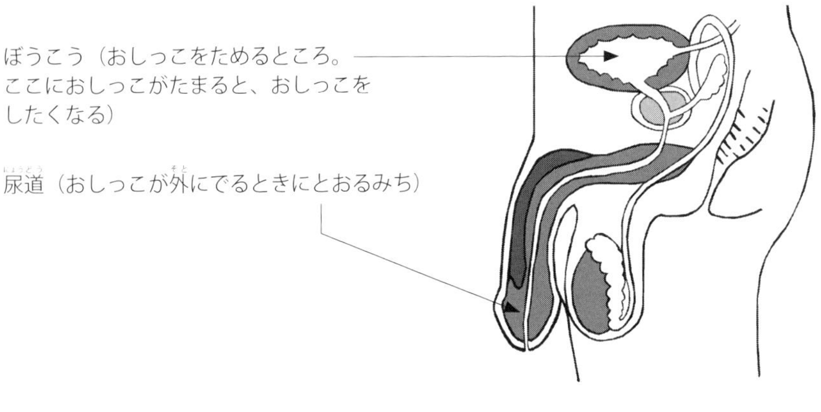
ぼうこう（おしっこをためるところ。
ここにおしっこがたまると、おしっこを
したくなる）
尿道《にょうどう》（おしっこが外《そと》にでるときにとおるみち）

2 立《た》っておしっこをする

❶トイレのまえに立《た》ち、パンツからペニス（おちんちん）を出《だ》します。

❷しっかりとペニスをもっておしっこがべんきの中《なか》に入《はい》るようにします。おしっこをするときにペニスをさわることは、けっしていやらしいことではありません。

❸おしっこをしたあとは、ペニスをふっておしっこがペニスの先《さき》にのこらないようにします。

❹手《て》をきれいにあらってからトイレを出《て》ましょう。

アドバイス

二次性徴の始まる前は、性器を生殖器として教えるより、泌尿器としての役割を教えます。

排尿のしかたを学ぶことで、性器にさわることにも慣れていきます。

おとなの中には、子どもが性器をさわっていることに嫌悪感をおぼえ、過剰に反応して、「ダメ！」「汚い！」などと禁止のメッセージを子どもたちに押しつけてしまう人もいます。これは避けたいことです。

子どもによっては、「性器はさわってはいけないもの」と思うようになり、排尿の際ペニスをもつことをいやがったり、おふろでペニスを洗うことに強い抵抗を示すようになります。

思春期になってマスターベーションができなくなったりするなどの悪影響がでる子どももいます。

性器はだいじなプライベートゾーンです。人前ではさわらない、人には見せない、人の性器にはふれない、必要なときにはさわってもよい、ということをきちんと話してください。

幼児語の方が適切な段階の子どもには、「おちんちん」という言葉をつかって説明します。

06 おんなの子の性器ってどうなっているの？

めやす６～９歳

性器には、からだの外から見ることができる外性器とからだの中にある内性器があります。

女の子の性器は、外性器も自分から見ようとしないと見ることができません。鏡を使って、ぜひ一度自分で見てみる機会をつくってあげてください。

外性器は大陰唇と小陰唇に守られて、クリトリス、尿道口、ワギナ、肛門などがあります。クリトリスはとても敏感で、やさしくさわるときもちがよいところです。

内性器は、子宮（あかちゃんの育つ部屋）、卵巣（卵子・あかちゃんのたまごをつくるところ）、卵管（卵子の通る管）、ワギナなどがあります。各部の名前と役割を教えます。

1 おんなの子《こ》の外性器《がいせいき》

◆おんなの子《こ》の外性器《がいせいき》

おんなの子《こ》の外性器《がいせいき》のいろや、かたちは人《ひと》それぞれでちがいます。二次性徴期《にじせいちょうき》（くわしくは、22ページ）には、ホルモンの分泌《ぶんぴつ》によって外性器《がいせいき》もへんかします。いろがくろっぽくなったり、毛《け》（性毛《せいもう》）がはえてきたり、右《みぎ》と左《ひだり》の大《おお》きさがちがってきたりします。しんぱいなことがあったら、しんらいできる人《ひと》にそうだんをしましょう。

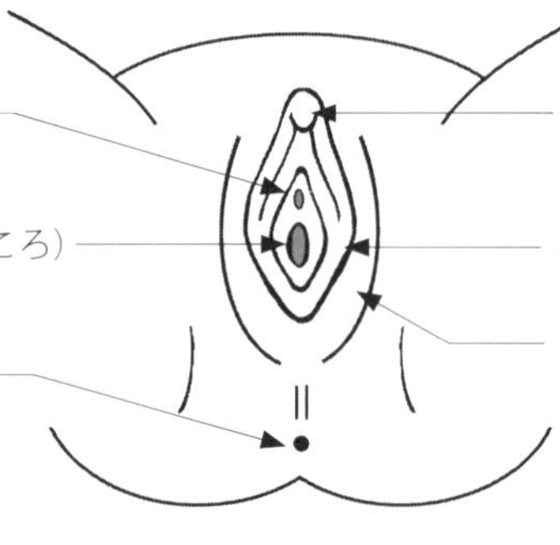
尿道口《にょうどうこう》（おしっこの出口《でぐち》）
ワギナ（あかちゃんや月経《げっけい》がとおるところ）
肛門《こうもん》（うんちの出口《でぐち》）
おんなの子《こ》には３つの道《みち》がある。
クリトリス
（ちいさな突起《とっき》。さわるときもちいい）
小陰唇《しょういんしん》（尿道口《にょうどうこう》やワギナをおおっている）
大陰唇《たいいんしん》（クリトリスや小陰唇《しょういんしん》をおおっている）

2 じぶんの外性器《がいせいき》をみてみよう

おんなの子《こ》は、じぶんの外性器《がいせいき》を、かがみで見《み》て、さわってみましょう。けんこうなときの性器《せいき》のじょうたいをしっていると、いじょうが出《で》たとき、じぶんできづくことができます。

3 内性器《ないせいき》について

◆内性器《ないせいき》
（まえから見《み》た図《ず》）

◆内性器《ないせいき》
（よこから見《み》た図《ず》）

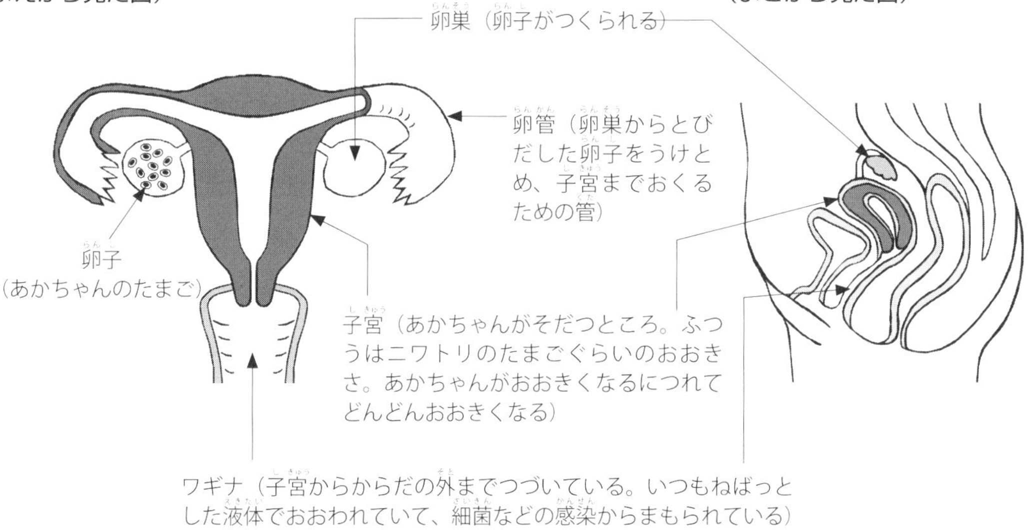
卵巣《らんそう》（卵子《らんし》がつくられる）
卵管《らんかん》（卵巣《らんそう》からとびだした卵子《らんし》をうけとめ、子宮《しきゅう》までおくるための管《くだ》）
卵《らん》子
（あかちゃんのたまご）
子宮《しきゅう》（あかちゃんがそだつところ。ふつうはニワトリのたまごぐらいのおおきさ。あかちゃんがおおきくなるにつれてどんどんおおきくなる）
ワギナ（子宮《しきゅう》からからだの外《そと》までつづいている。いつもねばっとした液体《えきたい》でおおわれていて、細菌《さいきん》などの感染《かんせん》からまもられている）

4 おしっこ・うんちのあとはきれいに

おんなの子《こ》の性器《せいき》は、肛門《こうもん》のそばにあります。肛門《こうもん》からでる大便《だいべん》（うんち）には、たくさんの細菌《さいきん》がついています。大便《たいべん》をしたあとは、性器《せいき》に細菌《さいきん》が入《はい》らないように、まえからおしりのほうにむかって、かみでふくようにします。
また、性器《せいき》は細菌《さいきん》によわいばしょなので、おふろに入《はい》ったら、シャワーできれいにあらいましょう。12 ページもよんでみてください。

アドバイス

女の子の性器は、おとなになってあかちゃんを産むためになくてはならないたいせつな器官です。また、おとなのからだになると月経が始まり、心身ともに健康な生活をおくるうえで性に関するからだの知識はとてもたいせつなものです。

ともすると不潔なところ、ふれたり、見たりしてはいけないところ、「いやらしい」部分としてタブー視しがちです。しかし、女の子が自分の性を肯定的にとらえ、性的問題に対応できるようになるには、からだのしくみについての科学的な知識が不可欠です。性器は「自分にとってだいじなところ」「自分の宝物」という認識を育ててください。

二次性徴やそれ以降を乗り切っていくためには、二次性徴が始まる前に自分のからだに対する肯定的なきもちをもつことや、親や信頼できるおとなに相談できる関係を築くことが重要です。

女の子のからだのしくみや役割について学習するときも、男女がいっしょに学ぶようにし、お互いの性を尊重しあえるようにします。

07 おとこの子の二次性徴ってなに？

めやす 10〜12歳

思春期になると、男女のからだの特徴がはっきりしてきます。このことを二次性徴といいます。男の子の二次性徴は、脳にある下垂体が、精巣から男性ホルモンを分泌するように指令します。男性ホルモンのはたらきによって、男の子のばあい、からだががっしりしてきたり、性器のまわりやわきの下、口のまわりに毛が生えてきます。ペニスや精巣も大きくなります。のどぼとけがでてきて、声が低くなっていきます。

また、勃起することが多くなります。勃起は、子どものからだがおとなのからだにかわるサインです。自然にだれにでもおこることで、いやらしいこと、はずかしいことではないことを教えます。

1 二次性徴《にじせいちょう》でかわるところはどこでしょうか？

◆からだのどこがかわるか考《かんが》えてみましょう

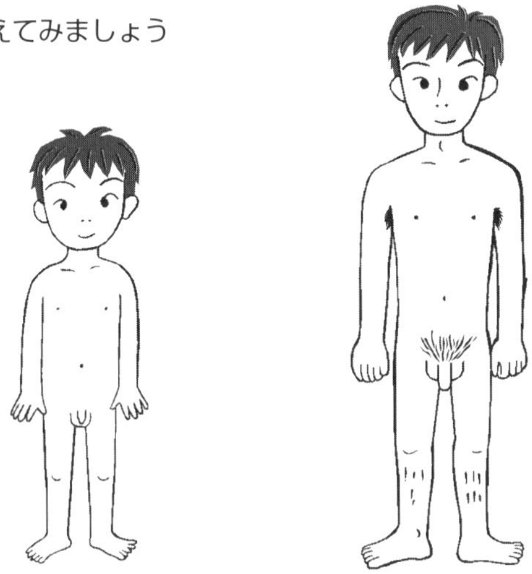

2 二次性徴《にじせいちょう》の合図《あいず》

二次性徴《にじせいちょう》は、精巣《せいそう》から男性《だんせい》ホルモンが分泌《ぶんぴつ》することからおこります。
じぶんのきもちとは関係《かんけい》なく、二次性徴《にじせいちょう》はおこるので、からだの変化《へんか》におどろくことがあるかもしれません。
おとこの子《こ》でも、からだのなかの女性《じょせい》ホルモンがえいきょうして、胸《むね》（おっぱい）がすこしふくらむこともありますが、やがておさまります。

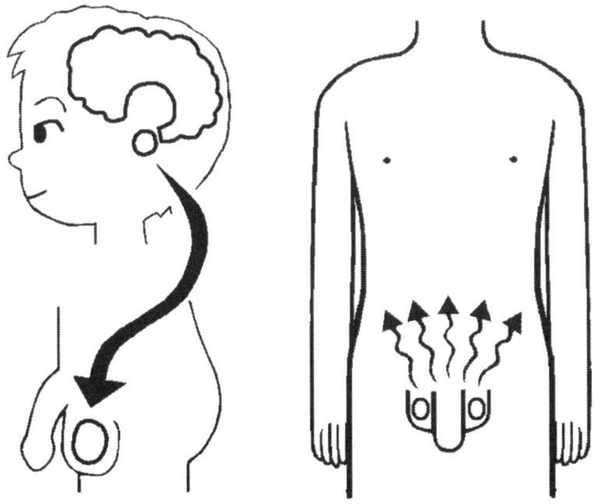

3 ペニスの変化《へんか》

ズボンでペニスがすれたりしたときや、エッチな本《ほん》を見《み》たり、エッチなことを考《かんが》えたりしたときに、ペニスがふくらんで、かたくなっていることがあります。これを勃起《ぼっき》といいます。
またペニスから、白《しろ》いベタベタしたものが出《で》てくることがあります。この液《えき》は精液《せいえき》で、液《えき》が出《で》ることを射精《しゃせい》といいます。
くわしくは、24ページをよんでください。

4 はずかしいことじゃないよ

友《とも》だちにくらべて二次性徴《にじせいちょう》がはやかったり、おそかったりしますが、二次性徴《にじせいちょう》はだれにでもおこることです。時間《じかん》がたてば、みんなおなじように変化《へんか》します。はやいかおそいかを気《き》にする必要《ひつよう》はありません。

アドバイス

二次性徴の時期には身長・体重も大きくなり、顔つきなど見た目にもおとなになってきたことがわかってきます。思春期におこるからだの変化に、とりわけ発達に遅れのある子どもたちは強い不安を感じることがあります。

たとえば、性毛が生えてきたことが受け入れられず、手で性毛をむしりとるという子どもの例が報告されています。からだの成長を肯定的に受け止められるように二次性徴が始まるまえから、からだにおこる変化について教え、見通しをもたせます。声がわりの時期には、声が出にくく感じます。無理に高い声や大きい声を出さないように注意します。

また、ニキビができたりすると劣等感を感じる子どももいます。自分の姿が気になるようになり、まわりの子と比較したり理想の姿と自分とのギャップに悩むことがあります。見た目が大きく変化する時期だからこそ、自分に自信をもたせることがたいせつです。大人に近づいていくことがよいことであると実感できるよう、励ましてください。

08 おんなの子の二次性徴ってなに？

めやす 10～12歳

思春期になると、脳から命令が出され、女の子のからだから、おとなの女性のからだへと変化します。これを二次性徴といいます。女の子のからだの変化の大部分は「あかちゃんを産めるようになる」ためのものです。

変化には個人差がありますが、小学校高学年から中学生くらいにかけて、乳房がふくらみ、わきの下や性器のまわりに毛が生え、お尻が大きくなり、全体に丸みのあるからだつきになります。そして、月経が始まります。

また、二次性徴期には、異性が気になったり、親に反抗的になったり、自分のからだを気にしたりします。こうして、からだだけではなく、こころもおとなになっていきます。

1 二次性徴《にじせいちょう》でかわるところはどこでしょうか？

◆からだのどこがかわるか考《かんが》えてみましょう

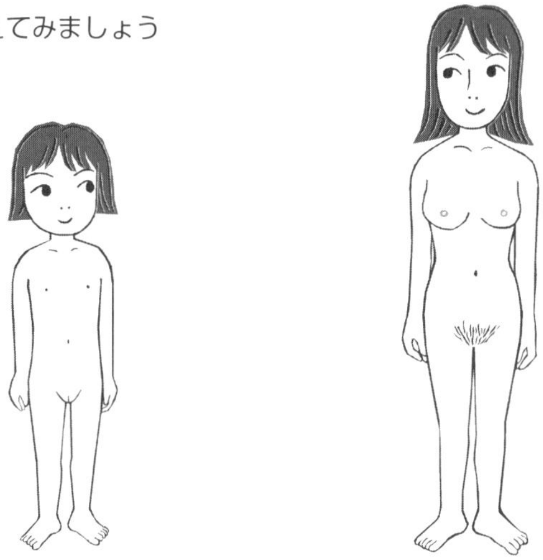

2 二次性徴《にじせいちょう》の合図《あいず》

二次性徴《にじせいちょう》は、脳《のう》の下垂体《かすいたい》から性腺刺激《せいせんしげき》ホルモンが卵巣《らんそう》に送《おく》られて、卵巣《らんそう》から女性《じょせい》ホルモンが分泌《ぶんぴつ》されることではじまります。女性《じょせい》ホルモンのはたらきによって、はやい人《ひと》は8さいぐらいからおとなのからだにかわりはじめます。

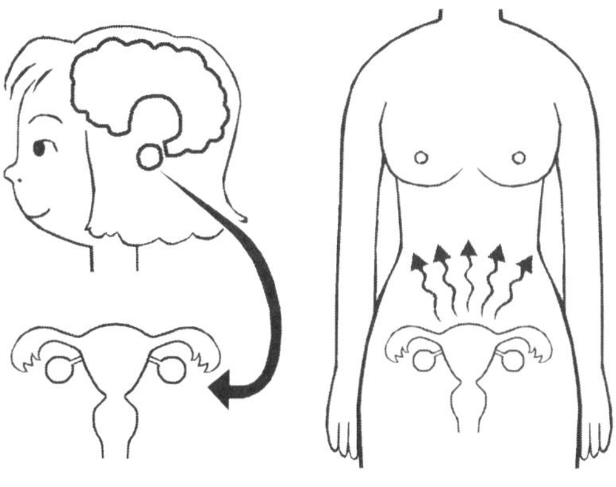

3 月経《げっけい》

からだつきがかわるのと同時《どうじ》に、からだのなかのはたらきもかわっていきます。おんなの子《こ》は、月《つき》に1回《かい》くらい、性器《せいき》から血《ち》のようなものがでるようになります。これを月経《げっけい》といいます。
くわしくは、26ページをよんでください。

4 変化《へんか》のしかたはみんなちがう

二次性徴《にじせいちょう》はだれにもおこりますが、かわりかたは人《ひと》によってちがいます。8さいぐらいからはじまる人《ひと》もいれば、もっとおそい人《ひと》もいます。乳房《ちぶさ》（おっぱい）がとても大《おお》きくなる人《ひと》もいれば、あまり大《おお》きくならない人《ひと》もいます。性毛《せいもう》がたくさん生《は》える人《ひと》も、あまり生《は》えない人《ひと》もいます。みんなちがってあたりまえなので、みんなとちがうことをはずかしがる必要《ひつよう》はありません。

アドバイス

二次性徴がはじまると、こころもからだも大きな変化があらわれます。からだの変化のうち、もっとも衝撃的なできごとは、はじめての月経（初経・初潮）です。月経は、おとなになった証しであり、すてきなできごとであることを話してあげます。きもちのうえでも安心できます。

同時に、「好きな人」への関心も高まってきます（多くのばあいは男性に対してですが、女性のばあいもあります）。好きな人に近づきたい、交際したいというきもちがめばえ、おつきあいを始めたりもします。自分をよく見せようとおしゃれへの興味もでてきます。

からだの変化にこころの変化が追いつかず、おとなの世界が不潔に思えたり、ちょっとしたことで両親や周囲のおとなに反抗するようになるのもこのころです。それまでは両親や先生になんでも話せていたのに、距離を置いたりもします。親や先生、支援者も、子どもがおとなになることをいっしょに喜ぶとともに、成長に合わせた距離感の調整が必要になります。

09 射精のしくみ

めやす 13～15歳

年齢とともに、ペニスの生殖器としての機能が発達します。性的な刺激（直接的な刺激、視覚や聴覚、嗅覚、空想による刺激など）が加わると、ペニスに大量の血液が流れ込み、大きくなり、上向きに立ち上がります。これを「勃起」といいます。勃起は、自分のきもちと関係なく、とつぜんおこることもあります。

また、脳下垂体の命令によって、精巣では精子がつくられるようになります。精子などがまざったベタベタした白い精液が強い快感を伴って、勃起したペニスの先から出ます。これを「射精」といい、はじめて射精することを「精通」といいます。精通の体験は、マスターベーションによるもの、夢精など人それぞれです。

1 勃起《ぼっき》のしくみ

ペニスにたくさんの血液《けつえき》が流《なが》れこむことで、いつもより、太《ふと》く、長《なが》く、かたくなり、上向《うわむ》きに立《た》ち上《あ》がります。これを「勃起《ぼっき》」といいます。人《ひと》によってちがいますが、いつもよりも1.5～2倍《ばい》くらい太《ふと》く、長《なが》くなります。血液《けつえき》がもとにもどれば、かたさや大《おお》きさはもとにもどります。

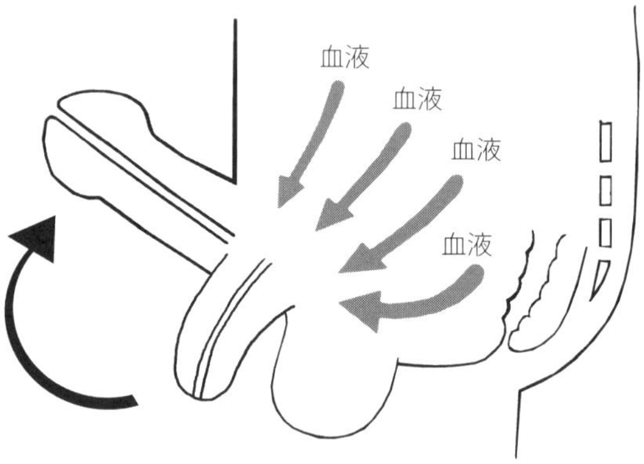

2 射精《しゃせい》のしくみ

脳《のう》からの合図《あいず》によって、精巣《せいそう》でつくられた精子《せいし》が、精管《せいかん》を通《とお》って、勃起《ぼっき》したペニスから出《で》てきます。

いったんつくられた精子《せいし》が、射精《しゃせい》されなかったばあいは、からだのなかで水《みず》とタンパク質《しつ》に分《わ》けられ吸《きゅう》収《しゅう》されてしまうので、ペニスからあふれて出《で》てきてしまうことはありません。

3 どんなときに射精《しゃせい》するの？

射精《しゃせい》には、４つの種類《しゅるい》があります。

❶ 遺精《いせい》——スポーツや自転車《じてんしゃ》で、一気《いっき》にちからを入《い》れたときなどの刺激《しげき》による射精《しゃせい》
❷ 夢精《むせい》——性的《せいてき》な行為《こうい》や女性《じょせい》の夢《ゆめ》をみることで、睡眠中《すいみんちゅう》におこる射精《しゃせい》
❸ マスターベーション——じぶんのペニスをじぶんで刺激《しげき》することによる射精《しゃせい》
❹ 性交《せいこう》——相手《あいて》がいるセックスによる射精《しゃせい》

4 精液《せいえき》ってなに？

精液《せいえき》は白《しろ》くてネバネバしています。１回《かい》に出《で》る量《りょう》はすこしで、小《ちい》さなスプーンに１ぱいもありません。精液《せいえき》のなかには目《め》では見《み》えませんが、オタマジャクシのようなかたちをした精子《せいし》がたくさんうごきまわっています。

5 おしっこと精液《せいえき》はまざりません

おしっこも精液《せいえき》もペニスの先《さき》から出《で》ますが、尿《にょう》と精液《せいえき》がいっしょに出《で》たり、まざったりすることはありません。それぞれ筋肉《きんにく》のはたらきで、おしっこのときは精巣《せいそう》につながる部《ぶ》分《ぶん》、射精《しゃせい》のときは膀胱《ぼうこう》につながる部分《ぶぶん》が閉《と》じます。

◆おしっこをするとき

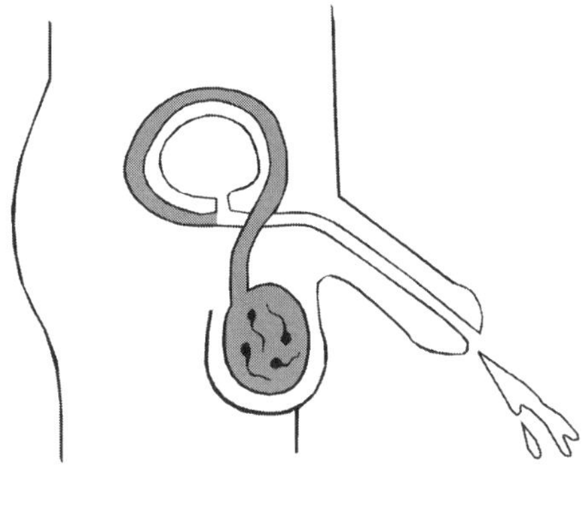

◆射精《しゃせい》するとき

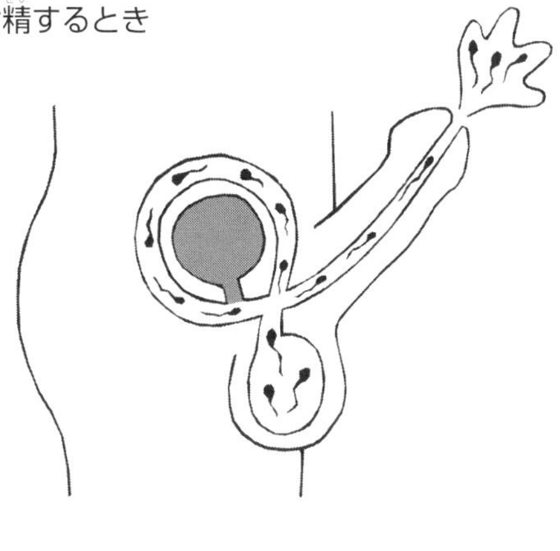

アドバイス

　精巣でつくられた精子はすぐに出されるわけではなく、いったん貯えられます。同時に精のうや前立腺で精子の動きを活発にするための液体がまざります。この液が、白くベタベタしています。

　射精される前にはカウパー腺液が分泌され、酸性である尿道を中和します。カウパー腺液が精子が無事に尿道を通り抜けるように、掃除してくれるというわけです。

　発達に遅れのある子どもたちに排尿と射精のしくみを教えるには、膀胱《ぼうこう》・精巣・ペニス、この３つをつなぐ管を模型にし、おしっこと精液が出る経路を見せるとわかりやすいでしょう。

10 月経・排卵のしくみ

めやす 13～15歳

女の子のからだが大きくなっていき、卵巣から女性ホルモンが活発に出るようになると月経がおこります。月経は「あかちゃんを産むことのできるおとなのからだ」になり始めたというしるしです。

はじめての月経（初経・初潮）が始まる前に、月経がおこることや、月経の手当てについてわかりやすく教えます。月経への驚きや不安が軽減されます。月経や排卵のしくみは複雑なので実際に月経を経験してからのほうが、しくみを理解しやすいでしょう。

月経は生理現象なので「生理」ともいいます。月経のケアに使うナプキンなどを生理用品とよぶこともあります。説明をするときは、具体的に子どもたちにわかりやすい言葉を使ってください。

1 からだのなかでなにが起《お》こっているの？

女《おんな》の子《こ》はおなかのなかに子宮《しきゅう》と、左右《さゆう》に１つずつの卵巣《らんそう》をもっています。

卵巣《らんそう》――卵子《らんし》がたくさん入《はい》っている
子宮《しきゅう》――あかちゃんの育《そだ》つ部屋《へや》

❶卵巣《らんそう》にはたくさんのあかちゃんのたまご（卵子《らんし》）があって、成熟《せいじゅく》すると１カ月《げつ》に１つ卵巣《らんそう》からとび出《た》してきます。これを排卵《はいらん》といいます。

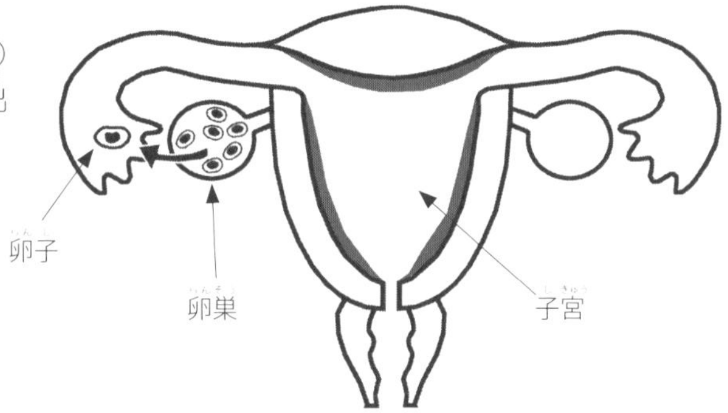

❷卵子《らんし》は卵管《らんかん》を通《とお》って子宮《しきゅう》に入《はい》っていきます。

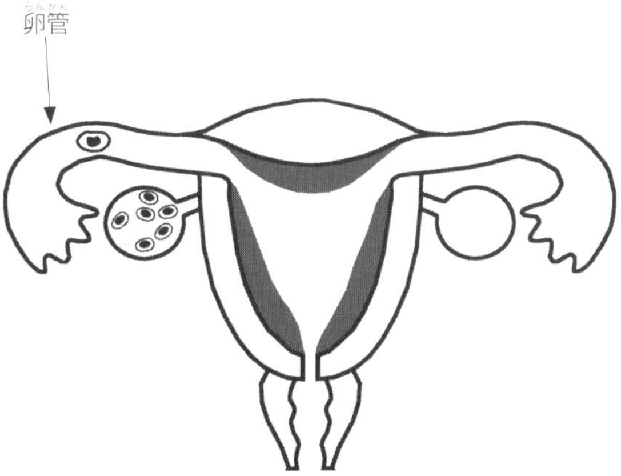

❸子宮《しきゅう》は、精子《せいし》と結合《けつごう》した卵子《らんし》が成長《せいちょう》して、あかちゃんがうまれてくるまですごす部屋《へや》です。卵子《らんし》がやってくる日《ひ》（排卵《はいらん》の日《ひ》）にあわせて、子宮《しきゅう》はあかちゃんを迎《むか》えるために子宮内膜《しきゅうないまく》が厚《あつ》くなりフワフワフカフカになります。

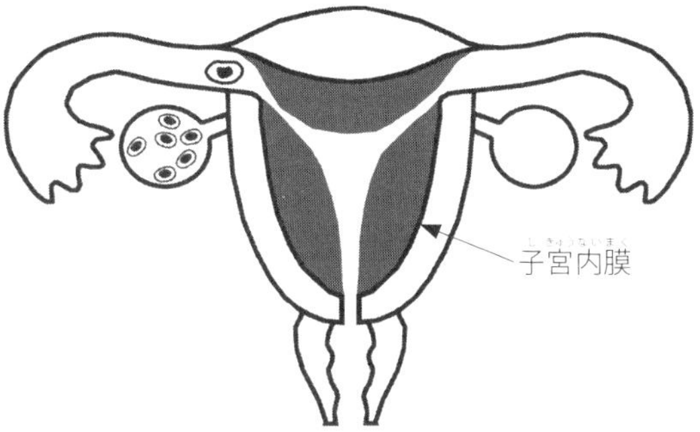

❹子宮《しきゅう》に卵子《らんし》がやってきても、精子《せいし》と結合《けつごう》しなかった卵子《らんし》（受精《じゅせい》しなかった卵子《らんし》）は、そのまま子宮《しきゅう》からからだの外《そと》に出《で》てしまいます。そのあと、用意《ようい》されていた子宮内膜《しきゅうないまく》は血液《けつえき》とまざって（経血《けいけつ》）、ワギナから流《なが》れ出《で》ていきます。

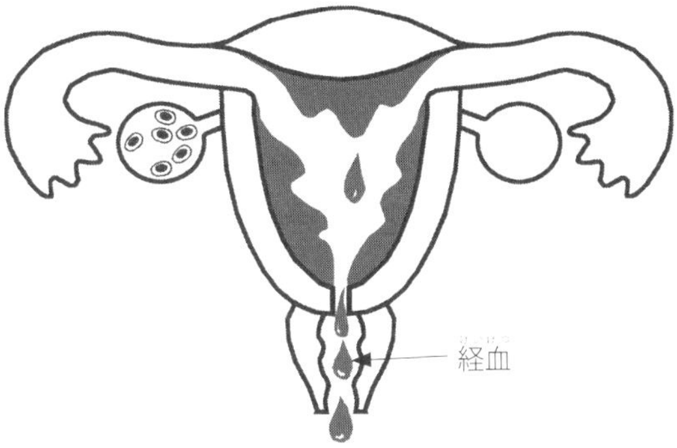

❶〜❹が、ほぼ１カ月《げつ》に１回《かい》くりかえされます。人《ひと》によって経血《けいけつ》の量《りょう》がちがいますが、３日《か》から１週間《しゅうかん》ほど続《つづ》きます。月経《げっけい》の間《あいだ》は、ナプキンをあててケアします（くわしくは50ページをよんでください）。

2 月経前《げっけいまえ》におきるからだとこころに変化《へんか》

月経《げっけい》のはじまる１週間《しゅうかん》くらい前《まえ》からイライラする、ゆううつになる、むくむ、おっぱいが痛《いた》くなるなどの症状《しょうじょう》がでる人《ひと》がいます（月経前症候群《げっけいまえしょうこうぐん》＝ＰＭＳ）。
女性《じょせい》ホルモンのバランスがくずれるためです。
入浴《にゅうよく》や足湯《あしゆ》でからだをあたためたり、リラックスするなど、気分転換《きぶんてんかん》をすることで楽《らく》になる人《ひと》もいます。イライラしたり、痛《いた》かったりしてがまんできないときは、しんらいできるおとなに相談《そうだん》して、お医《い》者《しゃ》さんにみてもらいます。
低用量《ていようりょう》ピルというくすりもあります（くわしくは64ページをよんでください）。

3 月経《げっけい》不順《ふじゅん》・無月経《むげっけい》（排卵《はいらん》）

むりなダイエットをしたり、不規則《ふきそく》な生活《せいかつ》によってからだのリズムがくるって、月経《げっけい》がなくなったり、排卵《はいらん》をしないまま月経《げっけい》になることがあります。
不安《ふあん》なことがあれば、しんらいできるおとなに相談《そうだん》して、必要《ひつよう》があればお医者《いしゃ》さんにみてもらいましょう。

- 18 さいくらいになっても月経《げっけい》がない
- 月経《げっけい》が予定《よてい》どおりにこない
- 月経《げっけい》ではないのに性器《せいき》から出血《しゅっけつ》があった
- 経血《けいけつ》の量《りょう》がとても多《おお》い日《ひ》が続《つづ》いた
- 月経《げっけい》が 1 週間《しゅうかん》以上《いじょう》続《つづ》くばあい
- そのほかにも月経《げっけい》のことで気《き》になることがある

4 おりものってなに？

おりものは、性器《せいき》からでる分泌液《ぶんぴつえき》です。性器《せいき》の表面《ひょうめん》を保護《ほご》している粘液《ねんえき》ですから、おふろでゴシゴシと洗《あら》い流《なが》してはいけません。

排卵日《はいらんび》の前《まえ》がもっとも多《おお》く、ネバネバとして、色《いろ》はとうめいになります。排卵《はいらん》がおわると少《すく》なくなり、白《しろ》っぽくなります。

●おりもののしごと

・ワギナの入《い》り口《ぐち》からばいきんや異物《いぶつ》などがはいるのを防《ふせ》ぐ
・排卵前《はいらんまえ》に精子《せいし》を受《う》け入《い》れやすくする
・性交《せいこう》（セックス）するときに分泌量《ぶんぴつりょう》がふえ、ペニスがスムーズに入《はい》るようにする

●ちょっとヘンだな？　こんなおりもの

・茶色《ちゃいろ》っぽくなった
・においがきつくなった
・かゆみがある

こんなときは、病気《びょうき》がかくれているかもしれません。しんらいできるおとなに相談《そうだん》し、お医者《いしゃ》さんにみてもらいましょう。

アドバイス

　月経には個人差がありますが、小学校の高学年から中学生くらいから始まり、50 歳くらいまでの約 40 年間、ほぼ毎月おこります。その間、約 500 個の卵子が排卵されることになります。この 500 個のうち、あかちゃんになるのは多くても 10 個、いまの日本では 2 個にも満たない状況です。

　発達に遅れのある女の子の中には、突然、性器から血が流れ出てくることに、大きな恐怖を感じる子がいます。胸がふくらんできたら、おとなの月経に立ち会わせ、月経が始まる前に、生理用品の使い方を説明しながら、月経はおとなになることの証しでこわいことではないことを伝えます。月経は手当てが大変で、体調も悪くなることがあり、うっとうしいものと受けとめられがちですが、「今月も月経があってよかったね。健康のしるしだね」と声をかけ、いっしょに受けとめてください。そのきもちはきっと子どもに伝わります。

　なお、月経不順や月経異常で子どもから相談を受けたときは、婦人科を受診させます。思わぬ病気がひそんでいることもあります。

11 あかちゃんができるまで

めやす 13〜15歳

男女が性交（セックス）をするとなにがおこるか、セックスへの関心が見られたらきちんと教える必要があります。

性交によって、女性のワギナの中に、精子が射精され、そのうちの1つが卵子と結合（受精）すると、受精卵ができます。

受精卵は細胞分裂をくりかえしながら成長し、子宮内膜に着床し、無事着床したときから妊娠がスタートします。約280日かけてあかちゃんは育っていきます。

性交(セックス)と妊娠の関係、性交とあかちゃんが生まれる関係をわかりやすく教えてください。そして妊娠を望まないばあいは避妊が必要ということも伝えます。

1 あかちゃんができるまで

❶精子《せいし》を卵子《らんし》に届《とど》ける

男性《だんせい》と女性《じょせい》が性交《せいこう》（セックス）をし、女性《じょせい》のワギナのなかに男性《だんせい》が射精《しゃせい》をすると、3〜5ccの精液《せいえき》が入《はい》り、子宮《しきゅう》をめがけて移動《いどう》していきます。精液《せいえき》のなかには、数億個《すうおくこ》の精子《せいし》がはいっていますが、精子《せいし》も卵《らん》子《し》も空気《くうき》にふれると死《し》んでしまうため、空気《くうき》がない場所《ばしょ》で結合《けつごう》しなければなりません。そのため、なるべくおくのほうで射精《しゃせい》するために、ペニスはふだんより長《なか》く、固《かた》くなります。ペニスがやわらかかったら、ワギナの中《なか》にはいることができません。くわしくは、58ページを参照《さんしょう》してください。

❷精子《せいし》と卵子《らんし》が出会《であ》う

子宮《しきゅう》をのぼっていった精子《せいし》は、卵管《らんかん》の先《さき》っぽにたどりつきますが、精子《せいし》の数《かず》は百個程度《ひゃっこていど》にへっています。この場所《ばしょ》で卵巣《らんそう》から排卵《はいらん》された卵子《らんし》を百個程度《ひゃっこていど》の精子《せいし》がとりかこみ、卵子《らんし》をおおっている膜《まく》をとかして、1つの精子《せいし》が卵子《らんし》のなかに入《はい》りこみます。これが受精《じゅせい》です。1つの精子《せいし》が卵子《らんし》に入《はい》りこむと、ほかの精子《せいし》は入《はい》ることができません。

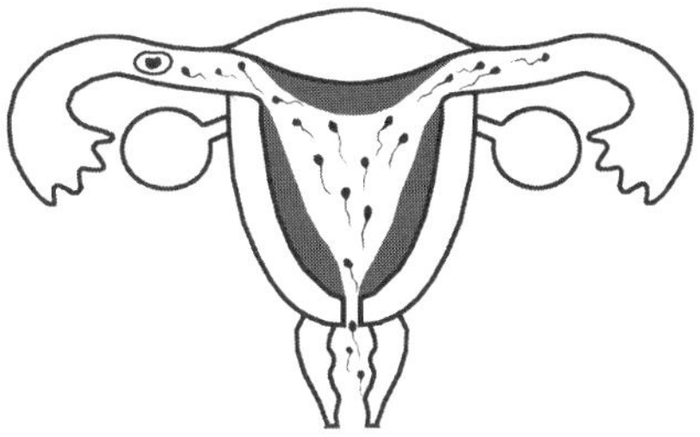

❸受精《じゅせい》した受精卵《じゅせいらん》が子宮《しきゅう》にいく

受精卵《じゅせいらん》は、細胞分裂《さいぼうぶんれつ》をくりかえし、細胞《さいぼう》の数《かず》をどんどんふやしながら、子宮《しきゅう》をめざして移動《いどう》していきます。

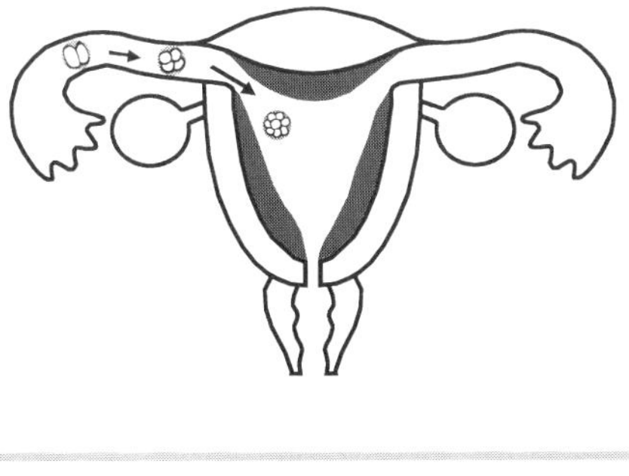

❹受精卵《じゅせいらん》が子宮《しきゅう》にたどり着《つ》く

受精卵《じゅせいらん》が子宮《しきゅう》にしっかりつくことを着床《ちゃくしょう》といいます。受精《じゅせい》をしても着床《ちゃくしょう》しないばあいもあります。排卵《はいらん》から着床《ちゃくしょう》までほぼ7日間《かかん》。着床《ちゃくしょう》で妊娠《にんしん》が成立《せいりつ》します。

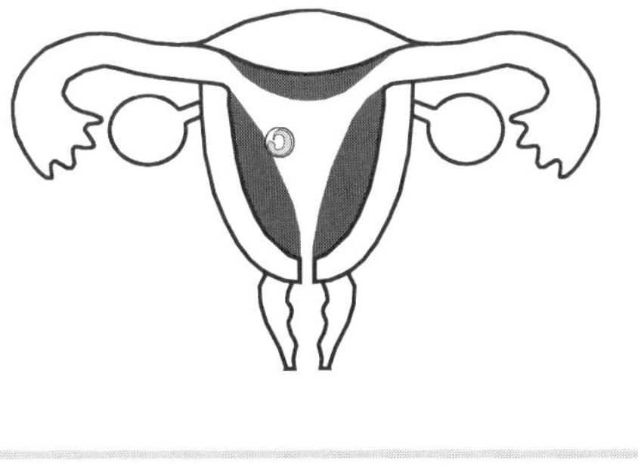

2 女性《じょせい》のおなかのなかで育《そだ》つあかちゃん

子宮《しきゅう》にたどりついた受精卵《じゅせいらん》は、そこで約 40 週間《しゅうかん》へその緒《お》を通《とお》してお母《かあ》さんの血管《けっかん》から栄《えい》養分《ようぶん》を送《おく》ってもらい、産《う》まれます。69 ページには、妊娠《にんしん》や出産《しゅっさん》を模擬体験《もぎたいけん》する方法《ほうほう》を紹《しょう》介《かい》しています。あわせて読《よ》んでみてください。

・16 週《しゅう》目《め》　・24 週《しゅう》目《め》　・32 週《しゅう》目《め》　・38 週《しゅう》目《め》

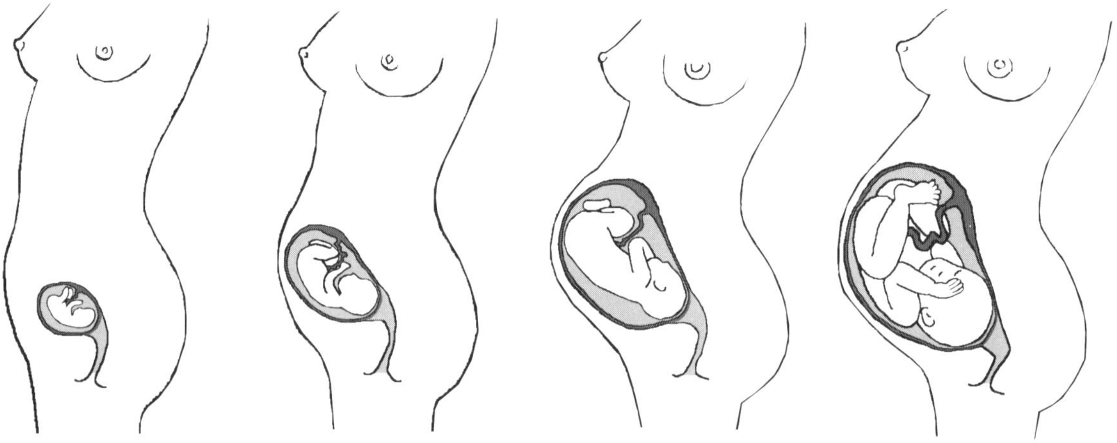

8 週《しゅう》目《め》に身《しん》長《ちょう》約《やく》20 ミリ、内臓《ないぞう》ができ始《はし》め、16 週《しゅう》目《め》には身長《しんちょう》は約《やく》12 センチ、耳《みみ》・鼻《はな》・口《くち》の形《かたち》ができる。おなかの中《なか》（羊水《ようすい》の中《なか》）で動《うご》き出《だ》す

身長《しんちょう》は約《やく》30 センチ、内臓《ないぞう》器官《きかん》ができる。よく動《うご》く。親指《おやゆび》をしゃぶったり、羊水《ようすい》を飲《の》んでおしっこをしたり、生《う》まれてからの準備《じゅんび》もしている

身長《しんちょう》は約《やく》43 センチ、手足《てあし》の筋肉《きんにく》がつき、つめもはえ、髪《かみ》ものびる

身長《しんちょう》は約《やく》50 センチ、体重《たいじゅう》は 3 キロ前後《ぜんご》になり、いつ生《う》まれてもだいじょうぶ

3 出産《しゅっさん》

生《う》まれる準備《じゅんび》ができた赤《あか》ちゃんは、お母《かあ》さんに出産《しゅっさん》の合図《あいず》をおくります。狭《せま》い産道《さんどう》を自分《じぶん》で向《む》きを変《か》えながらうまれようとする赤《あか》ちゃんの力《ちから》と、子宮《しきゅう》からからだの外《そと》にうみ出《だ》そうとするお母《かあ》さんの力《ちから》と合《あ》わせながら、赤《あか》ちゃんは外《そと》へ出《で》てきます。

●**陣痛《じんつう》**――お母《かあ》さんが赤《あか》ちゃんを外《そと》に出《だ》そうと子《し》宮《きゅう》が縮《ちぢ》まった時《とき》の痛《いた》み。しかし、子宮《しきゅう》はリラックスしている時《とき》もあり、その時《とき》は痛《いた》みがありません。

●**産声《うぶごえ》**――赤《あか》ちゃんが外《そと》に出《で》てきた時《とき》に、大《おお》きな声《こえ》で泣《な》くこと。肺《はい》で息《いき》ができた証拠《しょうこ》です。とても大切《たいせつ》です。

●**帝王切開《ていおうせっかい》**――おなかの中《なか》の赤《あか》ちゃんやお母《かあ》さんの命《いのち》に危険《きけん》が迫《せま》った時《とき》、お母《かあ》さんのおなかを切《き》る手術《しゅじゅつ》によって出産《しゅっさん》する方法《ほうほう》。うまれた赤《あか》ちゃんの命《いのち》の大切《たいせつ》さは、自然《しぜん》な出産《しゅっさん》も帝王切開《ていおうせっかい》も変《か》わりはありません。

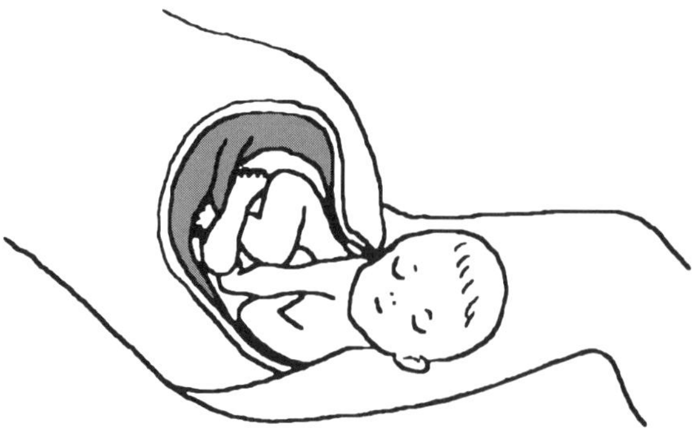

4 ふたご

●似《に》ているふたご

1つの受精卵《じゅせいらん》がなんらかのえいきょうで2つに分裂《ぶんれつ》をして、ふたごになったばあい、一卵性双生児《いちらんせいそうせいじ》といいます。ふたりは、かならずおなじ性別《せいべつ》で、顔《かお》かたち、性格《せいかく》がよく似《に》ています。

●似《に》ていないふたご

いちどに2つの卵子《らんし》が排卵《はいらん》されて、それぞれがどうじに受精《じゅせい》して、ふたごになったばあい、二卵《にらん》性双生児《せいそうせいじ》といいます。子《こ》どもたちの性別《せいべつ》はおなじことも、ちがうこともあります。顔《かお》かたち、性格《せいかく》はあまり似《に》ていません。

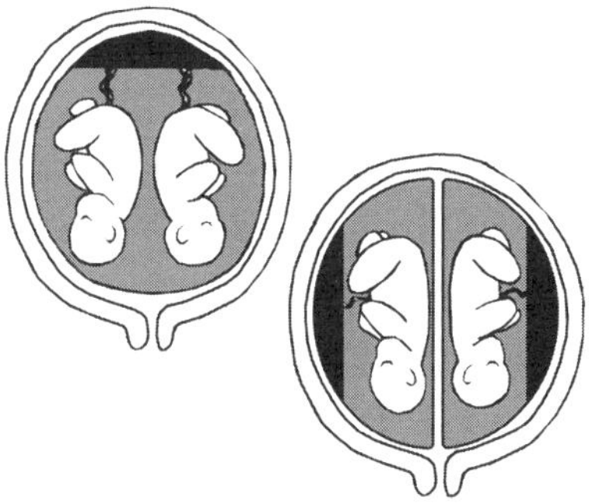

5 避妊《ひにん》のしかた

性交《せいこう》をしても妊娠《にんしん》しないようにする方法《ほうほう》を避妊《ひにん》といいます。
「赤《あか》ちゃんができることをのぞまない」ときには避妊《ひにん》をする必要《ひつよう》があります。

●女性《じょせい》ができる避妊《ひにん》の方法《ほうほう》

IUD（子宮内避妊器具《しきゅうないひにんきぐ》）を子宮《しきゅう》に入《い》れる、低用量《ていようりょう》ピルをのむなどの方法《ほうほう》があります（64 ページを参照《さんしょう》してください）。

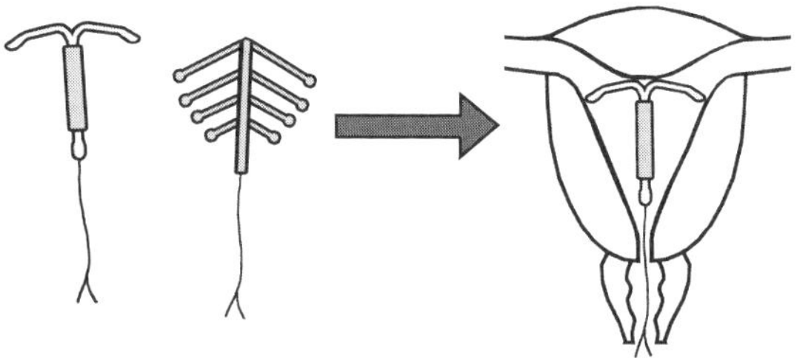

●男性《だんせい》ができる避妊《ひにん》の方法《ほうほう》

ペニスにコンドームをつける方法《ほうほう》は、比較的《ひかくてき》かんたんな避妊法《ひにんほう》です。性感染症《せいかんせんしょう》（62 ページを参照《さんしょう》）を予防《よぼう》することもできます。
ワギナの外《そと》で射精《しゃせい》（膣外射精《ちつがいしゃせい》）する方法《ほうほう》や、射精《しゃせい》してからシャワーなどで精子《せいし》をあらいながす方法《ほうほう》では避妊《ひにん》はできません。

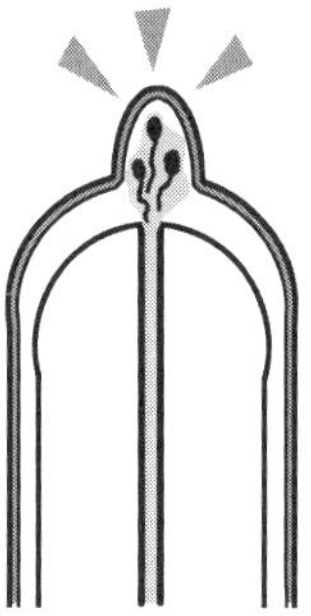

アドバイス

いのちは、男性と女性のカップルの性交によって誕生します。そして約 10 カ月間、お母さんの子宮の中で成長します。その間、あかちゃんはへその緒とお母さんの胎盤を通して栄養と酸素を受け取ります。俗に「血がつながる」と言いますが、あかちゃんの血液は胎盤までしか流れておらず、お母さんの血液が流れているわけではありません。

男女のカップルがふたりで「あかちゃんがほしい、育てたい」と考え、そして「育てられる」と思ったときに、避妊をせずに（コンドームやピルを使わずに）セックスをすることで新しいいのちが誕生することを伝えてください。

また「望んでも妊娠しない」「妊娠しても無事に育たない」「出産をするときに命を失う」など、いのちを残せない人や、残さない人もいます。産むか産まないか、いつ産むのかなどもふたりで選ぶ時代になっています。いろんな人、いろんな考え方があっていいのです。

12 人工妊娠中絶ってどんなこと？

めやす 16～18歳

人工妊娠中絶とは、手術などの人為的な方法によって、妊娠をとめてしまう方法です。

日本では原則として中絶は禁止されていますが、「母体保護法」によって、経済的理由などにより母体の健康を著しく害するばあいや、レイプなどによって妊娠した場合などは例外的に認められます。あかちゃんが大きくなってくると母体に危険があるので、医学的な面から中絶が認められているのは、妊娠21週目までです。

妊娠何週目という数え方は、最後の月経の初日を0週0日目として数え始めます。つまり、セックスした日から予定日になっても月経がこないときは、そのときはすでに妊娠4週目が終わり、妊娠2カ月目に入っています。

1 妊娠中絶《にんしんちゅうぜつ》ができる期間《きかん》と方法《ほうほう》

妊娠週数《にんしんしゅうすう》・月数《つきすう》の数《かぞ》え方《かた》と中絶《ちゅうぜつ》できる時期《じき》

妊娠《にんしん》1カ月《げつ》	妊娠《にんしん》0週《しゅう》目《め》 1 2 ← 排卵《はいらん》・授精《じゅせい》 3	
妊娠《にんしん》2カ月《げつ》	妊娠《にんしん》4週《しゅう》目《め》 5 ← 妊娠《にんしん》がわかる 6 7	
妊娠《にんしん》3カ月《げつ》	妊娠《にんしん》8週《しゅう》目《め》 9 10 11	妊娠《にんしん》11週《しゅう》までは日帰《ひがえ》りで中絶処置《ちゅうぜつしょち》が可能《かのう》
妊娠《にんしん》4カ月《げつ》	妊娠《にんしん》12週《しゅう》目《め》 13 14 15	
妊娠《にんしん》5カ月《げつ》	妊娠《にんしん》16週《しゅう》目《め》 17 18 19	妊娠《にんしん》12～21週《しゅう》は中絶《ちゅうぜつ》するのに入院《にゅういん》が必要《ひつよう》
妊娠《にんしん》6カ月《げつ》	妊娠《にんしん》20週《しゅう》目《め》 21 22 23	
妊娠《にんしん》7カ月《げつ》	妊娠《にんしん》24週《しゅう》目《め》 25 26 27	
妊娠《にんしん》8カ月《げつ》	妊娠《にんしん》28週《しゅう》目《め》 29 30 31	妊娠《にんしん》22週以降《しゅういこう》は中絶不可能《ちゅうぜつふかのう》
妊娠《にんしん》9カ月《げつ》	妊娠《にんしん》32週《しゅう》目《め》 33 34 35	
妊娠《にんしん》10カ月《げつ》	妊娠《にんしん》36週《しゅう》目《め》 37 38 39	
出産予定日《しゅっさんよていび》は妊娠《にんしん》40週《しゅう》0日目《にちめ》		

●初期中絶《しょきちゅうぜつ》

（妊娠《にんしん》11週《しゅう》6日目《かめ》までの人工妊娠中絶《じんこうにんしんちゅうぜつ》）

スプーンのような器具《きぐ》とピンセットのような器《き》具《ぐ》で胎児《たいじ》と胎盤《たいばん》をかき出《だ》す手術《しゅじゅつ》をします。手《しゅ》術《じゅつ》の時間《じかん》は10～15分《ふん》、いたみも小《ちい》さく、あまり血《ち》が出《で》ないので、問題《もんだい》がなければその日《ひ》のうちに退院《たいいん》できます。このほかに吸引法《きゅういんほう》（胎児《たいじ》を胎盤《たいばん》ごと吸《す》いこむ方法《ほうほう》）があります。どちらも費用《ひよう》は10万円《まんえん》くらいです。

●中期中絶《ちゅうきちゅうぜつ》

（妊娠《にんしん》12週以降《しゅういこう》の人工妊娠中絶《じんこうにんしんちゅうぜつ》）

くすりを使《つか》って陣痛《じんつう》（出産《しゅっさん》のときのいたみ）をおこし、お産《さん》とおなじように胎児《たいじ》を産《う》み出《だ》します。からだへの負担《ふたん》は初期《しょき》の中絶《ちゅうぜつ》にくらべて大《おお》きく、2～3日《にち》の入院《にゅういん》が必要《ひつよう》です。法律的《ほうりつてき》には「死産《しざん》」（死《し》んで産《う》まれてきたこと）のあつかいになり、死産届《しざんとどけ》を役所《やくしょ》に出《だ》さなければいけません。費用《ひよう》は30万円《まんえん》くらいです。

2 中絶《ちゅうぜつ》には女性《じょせい》と男性《だんせい》の同意《どうい》が必要《ひつよう》

「母体保護法《ぼたいほごほう》」という法律《ほうりつ》では、子《こ》どもを産《う》んでも育《そだ》てることがお母《かあ》さんのからだに大《おお》きな負担《ふたん》になるという理由《りゆう》によって、人工妊娠《じんこうにんしん》中絶《ちゅうぜつ》が認《みと》められています。

また、原則《げんそく》として、女性本人《じょせいほんにん》の意《い》思《し》だけでの中絶《ちゅうぜつ》は認《みと》められず、相《あい》手《て》の男性《だんせい》の同意《どうい》も必要《ひつよう》ですが、レイプなどによる妊娠《にんしん》のばあいは本《ほん》人《にん》の意思《いし》だけでも認《みと》められます。

3 産《う》む？　産《う》まない？

相手《あいて》とふたりでよく考《かんが》え、しんらいできるおとなにも相談《そうだん》して、こたえを出《だ》しましょう。

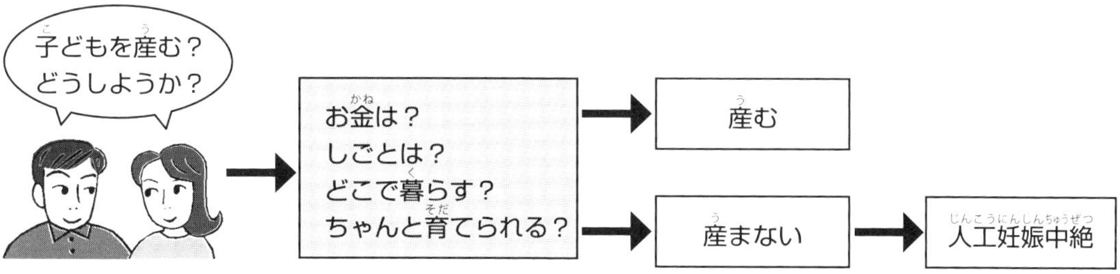
子《こ》どもを産《う》む？
どうしようか？
お金《かね》は？
しごとは？
どこで暮《く》らす？
ちゃんと育《そだ》てられる？
産《う》む
産《う》まない
人工妊娠中絶《じんこうにんしんちゅうぜつ》

4 緊急《きんきゅう》の避妊《ひにん》

「レイプされてしまった」「コンドームが破《やぶ》れてしまった」などで妊娠《にんしん》が心配《しんぱい》なときは、しんらいできるおとなにすぐに相《そう》談《だん》し、産婦人科《さんふじんか》に連《つ》れていってもらいます。
産婦人科《さんふじんか》では、「緊急避妊用《きんきゅうひにんよう》ピル」というくすりを出《だ》してくれます。このくすりを 72 時間以内《じかんいない》に正《ただ》しくのむことで、妊《にん》娠《しん》しにくくなります。価格《かかく》は 1 万《まん》5000 円程度《えんていど》です。

●思春期・FP ホットライン

緊急避妊薬を処方してくれる医療機関などの相談窓口

- 受付時間
  月〜金曜　10：00 〜 16：00
- 電話番号
  03-3235-2638

アドバイス

「あかちゃんを殺す」という言葉で人工妊娠中絶を教えることはぜったいにやめてください。中絶は避けたいことですが、選択しなくてはならないときもあり、そのときに選択できなくなってしまう可能性があるからです。

また、「セックスはダメ」という一方的に禁止のメッセージだけを伝えていると、しかられることをおそれて妊娠したことを相談してくれなくなります。レイプされたばあいや、避妊に失敗したばあいなどは、72 時間以内であれば緊急避妊ピルで避妊できる可能性があります。

セックスを禁止するのではなく、セックスと妊娠の関係、性的欲求のコントロールのしかた、避妊の方法をしっかり教えることが必要です。

二次性徴をすぎると子どもたちは妊娠する可能性や妊娠させる可能性があります。交際している相手がいるばあいは、つきあい方の相談などを気軽に受けられる関係をつくります。また、トラブルがおこった際には、即座に適切な対応ができるように関係者のあいだで話しあっておく必要があります。

13 性的コンプレックスがあるときは？

めやす 16～18歳

背が高い／低い、太っている／痩せている、顔が大きい／小さい……。ついほかの人と比べ、コンプレックス（劣等感）をもってしまうことがあります。身長の悩みなら、だれかに打ち明けることも容易ですが、性器のことや性的欲求に関しては、身近な人でも、そう簡単に相談することはできません。

一方で、劣等感をあおるような広告を雑誌などで頻繁に目にします。その影響か、乳輪の色や大きさ、性毛の濃さ、ペニスが小さいことに悩んでいる子どもたちがいます。

こうした悩みの多くは、からだのしくみを知り、それぞれの共通点と違いを知れば、しだいに解消されていくものです。

1 からだのことをきちんと知《し》ろう

からだつきや、性器《せいき》のかたち、性毛《せいもう》の濃《こ》さはみんなとちがっていても心配《しんぱい》はいりません。

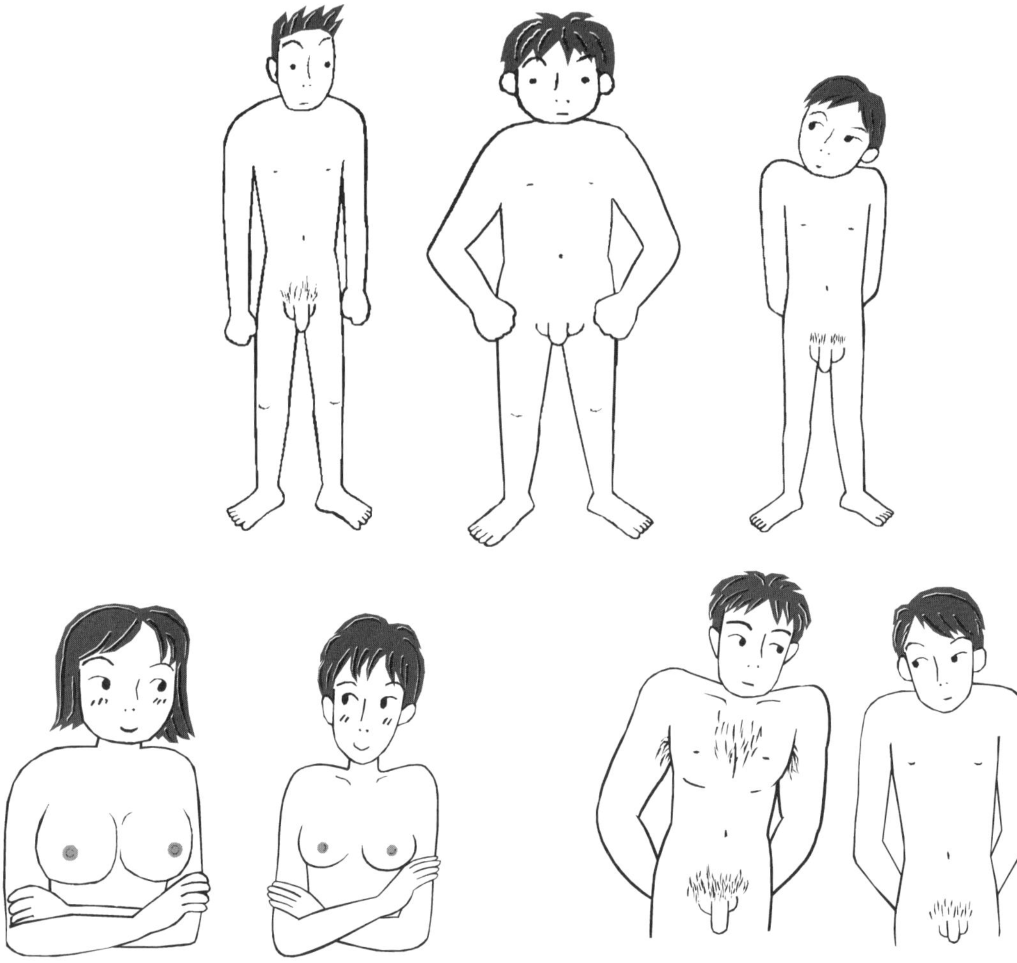

2 ガールズトーク／ボーイズトークをしましょう

おんなの子《こ》はおんなの子《こ》と女性《じょせい》のグループで、おとこの子《こ》はおとこの子《こ》と男性《だんせい》のグループで、からだの悩《なや》みを話《はな》しあってみましょう。だれでも、ひとりで悩《なや》んでいるからだに関《かん》する劣等感《れっとうかん》があります。みんなと、いろいろな話《はなし》ができるといいですね。

3 おふろやさんへ行《い》こう！

おふろやさんへ行《い》くと、いろいろな年代《ねんだい》の同性《どうせい》のからだをみることができます。
からだのかたちはひとりひとりちがうことがわかります。

アドバイス

ある男子生徒が女性の教員にからだの悩みを打ち明けたことがあります。「男の子のからだのことはよくわからないけれど……」と言いながら、その子といっしょにからだのしくみの本を読んで、問題がないと説明すると、その生徒はホッとしたそうです。からだの科学的な知識を子どもに教えることは、おとなであれば同性でも異性でもできることです。

しかし、とくに性器や性機能、性的欲求などに関わるデリケートな悩みや劣等感になると、同性同士での支援や学びあいの機会が必要になります。「ボーイズトーク」「ガールズトーク」の場は、有効な方法です。ただし、参加者のあいだに信頼関係が築かれていることが前提で、そこで話されたことはよそでは話さないという約束が守られなければなりません。

また、校外学習や子ども会などで銭湯に行く取り組みができれば、おたがいのからだの違いをくらべたり、ふだんは見ることができないさまざまな年齢の人のはだかを観察する機会になります。コンプレックスの話をするきっかけづくりになるだけでなく、「はだかのつきあい」が始まるきっかけになります。

14 わたしは、女それとも男？

めやす 16～18歳

幼い子どもには、「おちんちんがあるのがおとこの子、おちょんちょんがあるのがおんなの子」と説明し、男性と女性を性器のちがいで認識します。しかし、すべての人が、男性か女性かのどちらかであるという認識はただしくありません。

人はもともと女性型の性器をもっていて、男性になる遺伝子をもっているばあいは受精７週目ごろから男性ホルモンの作用によって男性型の性器に変わっていきます（性分化）。

なんらかの理由によってこの性分化がうまくいかないと、中間的な性器や、両方の性器をあわせもつことがあります。これを「インターセックス」（性分化疾患、半陰陽）とよびます。人の多様さを理解し、いろんな人がいることを知ることがたいせつです。

1 インターセックス（性分化疾患《せいぶんかしっかん》、半陰陽《はんいんよう》）ってなに？

性器《せいき》は女性《じょせい》のかたちをして発生《はっせい》します。男性《だんせい》になるばあいは、女性形《じょせいけい》からすこしずつ男性形《だんせいけい》にかわっていきます。
この変化《へんか》の途中《とちゅう》でなんらかのアクシデントがあると、「中間型《ちゅうかんがた》」の状態《じょうたい》で生《う》まれてくる人《ひと》もいます。英語《えいご》の「インターセックス」は中間《ちゅうかん》の性《せい》を意味《いみ》することばです。

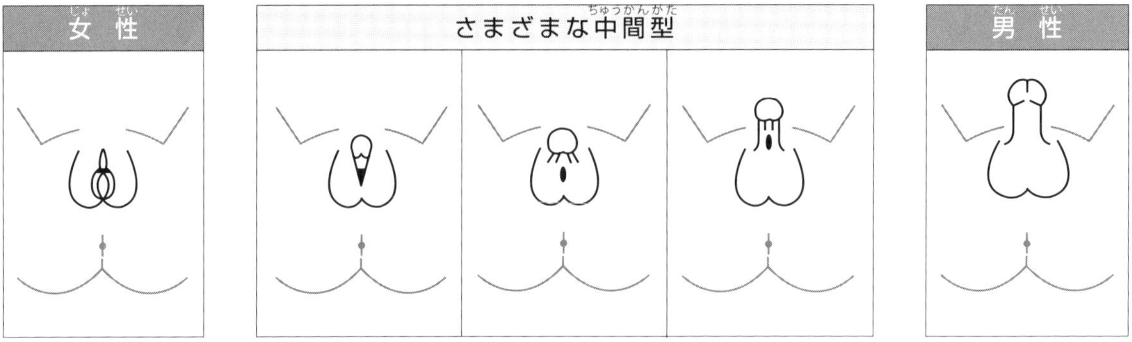

2 性別《せいべつ》を決《き》めるものは？

ある大学《だいがく》の先生《せんせい》が、「性別《せいべつ》を決《き》めるのは、足《あし》の間《あいだ》にあるもの（性器《せいき》）ではなく、耳《みみ》の間《あいだ》にあるもの（脳《のう》）だ」といったことがあります。
インターセックスの人《ひと》たちは、性器《せいき》のかたちはあいまいですが、じぶんのことを「男性《だんせい》である」「女性《じょせい》である」あるいは「中間《ちゅうかん》の性《せい》である」などと感《かん》じています。つまり、じぶんでじぶんの性別《せいべつ》を選《えら》んでいます。

3 インターセックスと性同一性障害《せいどういつせいしょうがい》

インターセックスと性同一性障害《せいどういつせいしょうがい》はまったくちがうものです。性同一性障害《せいどういつせいしょうがい》は、性器《せいき》は女性器《じょせいき》、あるいは男性器《だんせいき》であっても、じぶんはそれとは別《べつ》な性《せい》だと感《かん》じている人《ひと》です（108 ページをよんでください）。

インターセックスも性同一性障害《せいどういつせいしょうがい》も、そのひとが感《かん》じている性別《せいべつ》で生きていけることがたいせつです。まわりの人も、その人の「こころの性《せい》」を尊重《そんちょう》します。

◆インターセックス

からだの性《せい》が
男性《だんせい》か女性《じょせい》かはっきりしない

◆性同一性障害《せいどういつせいしょうがい》

からだの性《せい》とこころの性《せい》が
一致《いっち》しない

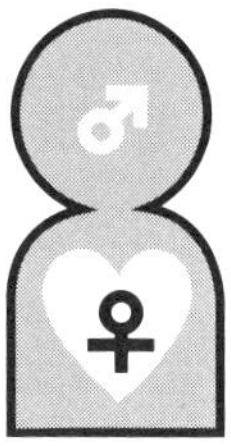

4 じぶんの性別《せいべつ》にしっくりこないばあい

性別《せいべつ》は、生《う》まれたときに外性器《がいせいき》によって決《き》められますが、思春期《ししゅんき》に入《はい》ったころ、じぶんの性別《せいべつ》がしっくりしないように感《かん》じはじめる人《ひと》がいます。インターセックスのばあい、内性器《ないせいき》と外性器《がいせいき》が異《こと》なっていたり、幼《おさな》いころに親《おや》や医師《いし》の判断《はんだん》で、どちらかの性《せい》にあわせて性器《せいき》の手術《しゅじゅつ》をしているばあいがあるからです。

からだが
女性化《じょせいか》して
いく……
インター
セックス？
胸《むね》が……
初潮《しょちょう》が……

アドバイス

インターセックスの存在は、社会的にもまだじゅうぶんに認識されていません。インターセックスが発生する疾患は 60 種以上あるといわれ、厚生労働省の研究班によると、およそ 4500 人に１人の割合で生まれていると推定されています。インターセックスの原因になった疾患が発達の遅れの原因になるばあいもありますし、その疾患と関係なく発達の遅れがおこるばあいもあります。

発達に遅れのある子どもたちの中には、「男」「女」にかたくなにこだわり、その中間の人が存在することをなかなか認められないばあいがあります。支援者の側も、生物学的な男性／女性にとらわれていると、適切な支援ができなくなります。

自分の性への違和感をもった子どもは、深く悩むことになるでしょう。とりわけ、発達に遅れのある子どもには、よりていねいな支援が不可欠です。発達に遅れがあるために、本人の性自認がなかなか定まらないことがありますが、親や支援者が勝手にその子の性を決めつけることをしてはいけません。

15「きもちいい」ふれあい

めやす 3～5歳

「きもちいい」という感覚は、「きもちいい」ふれあいを重ねることで育まれます。おたがいに「いっしょにいることが楽しい」と共感でき、おだやかに過ごせる幸せな時間を積み重ねてください。また、「きもちがいいね」という言葉がけもたいせつです。無意識の中で子どもは「これがきもちいいということなんだ」という感覚を身につけていきます。

「きもちいい」の反対は、「不快」です。不快なふれあいは、「なぐる」「ける」「つねる」などです。「死ね」などの暴言もあります。

安心して生活できる、だいじにされているという実感は、自己肯定感に結びついていきます。

1 あなたのすきなふれあいは？

あなたのすきなふれあいをおしえてください。
たとえば……

だいすきなひとにだっこされる
てをつなぐ
だいすきなひとといっしょにおふろにはいる

2 あなたがされたらいやなかかわりかたは？

あなたのいやなかかわりかたをおしえてください。
たとえば……

むりやりひっぱられる
しらんぷりされる
おされる

3 たのしいあそび・きもちいいことをしよう

てやからだがふれるあそびやダンスは、たのしいものです。

●はないちもんめ

●おしくらまんじゅう

●フォークダンスやしゃこうダンス

●あしゆ
あたたかいおゆにあしをつけてあたためる。

●あったかタオル
あたたかいおゆにひたしたタオルを、しっかりとしぼって、かおやくびにあてる。

●ひんやりタオル
こおりみずにひたしたタオルを、しっかりしぼってかおやくびにあてる。とくに、あせをかいたあとはきもちよくかんじる。

●ハンドマッサージ
アロマオイル*やハンドクリームをつかって、てをもむ。

＊アロマオイル：ベビーオイル 20ccに対してラベンダー2滴、ベルガモット1滴がおすすめ。

アドバイス

人にからだをふれられるのが苦手な子どももいますが、そんな子どもでも、成長するにつれて、人に対する関心がでてきたころから「ふれあい」を求めてくることがあります。

あそびの中には、さまざまな「ふれあい」があります。その子がどんな「ふれあい」を好むか、いっしょに見つけてください。

成長するにつれて異性への関心が出てきます。異性にふれたいという欲求は自然にわきあがってくるもので、おしとどめることはできません。一方的に禁止することなく、フォークダンス・社交ダンスなどの楽しい取り組みに展開させましょう。

「きもちいい」「楽しい」体験を重ねていくことで、しだいに「快」と「不快」の区別が自分の中でついていきます。この「快」・「不快」の感覚が、自分と他者の関係をより快適なものにしていく際の基盤になります。

16 勇気を出して「イヤ」といおう

めやす 3～5歳

　発達に遅れのある子どもは、女の子に限らず、性暴力の対象になりがちです。むりやり服をぬがされそうになったり、からだをさわられたときに、はっきりと「イヤ！　やめて！」と拒否し、「たすけて！」と叫んで、その場から逃げることで、自分の身を守る行動ができるように教える必要があります。

　「あなたのからだはたいせつ」というメッセージをくりかえし伝えます。

　「人に言うなよ」「言ったらたたくぞ」と、おどされても、おとなに相談するように教えておくこと、そして、相談してもらえる関係を築いておくことが支援者の役割です。ぜったいに子どもの味方であるという信頼感が不可欠です。

1 しらないひとにからだをさわられたら……

しらないひとに、ふくをぬがされそうになったり、からだをさわられたときは、おおきなこえで、「ダメ！」「イヤ、やめて！」「たすけて！」といって、はしってにげてください。
そして、ちかくにいるおとなに、「わるいひとが、わたしのからだをさわってきた！」とつたえてください。
とてもこわかったとおもいますが、きっと、おとながたすけてくれます。

◆おぼえておいてほしい３つのこと

- 「イヤだ！」という
- はしって、にげる
- おとなにそうだんする

2 かみしばいやロールプレイでまなぼう

あとをつけられる、のぞかれる、いきなりさわられる、だきつかれる　みんなとってもいやで、おそろしいことです。
ハナコちゃんは「イヤッ！　やめて！」とおおきなこえをだしてにげましょう。

でもタロウくんはハナコちゃんのことがだいすきでなかよくしたかったのです。
どうしたら、タロウくんはハナコちゃんとおともだちになれるのでしょうか。

アドバイス

発達に遅れのある子どもたちの中には、なかなか「イヤ」と言えない子どもが多いのですが、小さいときから自分の意思をはっきり表現する学習が不可欠です。

その基礎になるのは、乳幼児期からの授乳、抱っこ、おむつ交換などを通じて、不快・快の状態を十分に実感させることです。自分の中で快・不快の区別がつくことで、不快の状態を拒否して、快の状態を求めるようになります。これは、YES ／ NO の表現ができるちからにつながります。

万が一被害にあってしまったときは、ただちに信頼できるおとなに話すことがたいせつになります。おとなは、本人の責任ではないことを基本におさえ、「それはこわかったね。話してくれてありがとう」と子どもの訴えを共感的に受けとめてください。

17 じぶんの性器にふれること

めやす 3〜5歳

自分の性器にふれたいという欲求は、自然にわきあがってくるものです。ひとりのときに、だれにも見られない場所でさわること、汚れた手でさわらないことを教えます。これを否定的な目で見てはいけません。

人のいるところで性器をさわってしまうときは、「お茶を飲もうか」「散歩に行こうか」とほかのあそびに誘い、気分をかえられる言葉がけをしてください。それが難しいばあいは、人目につかないコーナーをつくり、そこへ連れて行きます。移動が難しいばあいは、タオルや服をかけるなど、目立たないような配慮をします。

1 性器をさわっていたいとき

男の子は、ひまですることがない、性器を握っていないと安心できない、ほっておかれているので不安、さみしい、欲求不満な状態にあるなどが想像できます。

下着がきつい、ペニスがかゆい、発毛してきてチクチクする、女の子ではナプキンの当て方が不快などのばあいもあります。

2 女の子も性器にふれると、きもちがいい

男の子にくらべて少ないのですが、女の子にも性器にふれる子がいます。その分まわりの目はきびしく、とくに母親の中には、認めたくない人がいます。新学期でクラスがかわった、妹弟が産まれたなど、環境の変化がきっかけになるばあいもあります。

反対に、性器にふれていないときはどんなときか、よく観察をしてください。

3 性器にふれているときの対応

「あそぼうか」「本を読もうか」などの言葉をかけます。それでもやめないときは、「みんなの前でさわるのはやめようね」と言って、性器をさわってよいコーナーに誘導します。
そういうコーナーがあると、そこに閉じこもってしまわないか、ほかの子どもにも伝染するのではと懸念されますが、そうしたことはおこりません。

●移動が難しいばあい
タオルや服をかけて子どもたちの目から隠します。

アドバイス

性器をさわることを、「ダメ」「汚い」と禁止された子どもの中には、「ここは汚い」「さわってはダメ」と性器や自分のからだを否定的にとらえる弊害があらわれることがあります。男の子のばあいは、おしっこのときペニスにふれることができなくなったり、マスターベーションをしたくても性器にふれることができず、イライラして、暴れてしまうケースもあります。

子どもが性器をさわるのはさまざまな理由があります。子どもたちをよく観察して、その原因を理解したうえで、対応を考えることがたいせつです。

いやらしい、はずかしい、やめさせないと習慣になるなどと考えて、禁止しても解決しません。自分のからだでさわってはいけないところや汚いところはありません。性器にふれることを子どもから取り上げないでください。

また、性器にふれていないのはどんなときかを観察し、その子の好きなことを見つけてあげてください。

18 身だしなみをととのえる

めやす６～９歳

手を洗う、顔を洗う、歯を磨く、おふろに入るなどによってからだを清潔に保つことは、健康を維持するうえでとてもたいせつなことです。

また、衣服やヘアスタイルなど身だしなみを整えることは、社会生活をおくるうえでの基本的なマナーです。

「人からよく見られたい」「自分をたいせつにする」というきもちがないと、自分から清潔をこころがけたり、身だしなみを気にすることはありません。身だしなみを整えることは、他人を意識することや自己肯定感の向上にもつながることです。

1 身《み》だしなみってなんだろう？

かっこいいヘアスタイルにしたり、かわいいようふくをきることだけではありません。
あいてにせいけつないんしょうや、いい人《ひと》だなとおもってもらうためのふるまい（マナー）ができるかどうかも、とてもたいせつなことです。

◆どちらの子《こ》となかよくなりたいですか？

◆がっこうへいくときのかっこうはどちらですか？

2 あなたのすてきなところをいかす

アイドルやまんがのキャラクターのようになりたいと、ヘアスタイルやふくそうをまねするひともいますが、ひとのまねをすることは、身《み》だしなみをととのえることではありません。
じぶんをゆっくり見《み》つめ、あなたのすてきなところがきらきらかがやくように、じぶんの手《て》入《い》れをすることがたいせつです。

3 できることからはじめよう

じぶんのすてきなところがあいてにじゅうぶんにつたわるようにすることが、身《み》だしなみをととのえるということです。

【チェック】出《で》かけるまえの身《み》だしなみ

- □ きのうは、おふろには入りましたか？
- □ かおをあらいましたか？
- □ はみがきはしましたか？
- □ ふくはきれいにせんたくされていますか？
- □ かみのけは、とかしましたか？
- □ つめはのびていませんか？

アドバイス

「身だしなみを整えたい」という思いと、「アイドルのような容姿になりたい」という思いを区別することは、子どもにとってとても難しく、ばあいによっては混乱してしまう子どもがいます。

身だしなみと同義語に、整容という言葉があります。文字通り、自分の姿を整えるという意味であって、自分をかえてしまう必要はないのです。

朝の洗顔、歯磨き、髪をとかして出かけるなど、まずは基本的な生活習慣として続けることで、清潔を保つことが快適であるという感覚を育てます。

中には、言葉の指示や、お手本を見せても、身だしなみの習慣が身につかない子どもがいます。そんなときは、ファッションショー体験やお互いの服装について語りあうなど、本人の気づきや、自覚がもてるような機会を提供することも近道となるかもしれません。

19 恋するきもち

めやす6～9歳

恋の始まりは、ワクワクドキドキ、まさに地に足がつかない状態です。自分でも、そのきもちをうまく理解できません。「あの人とかかわりたい」というきもちの表現方法がわからず行動が先に出てしまい、ちょっかいを出したり、意地悪をしてしまうこともあります。はたからみると、わけのわからない行動にみえて、つい注意したくなることもあるでしょう。しかし、そんな行動を周囲のおとなたちが否定するだけでは、子どもは自分のきもちにふたをしてしまうかもしれません。

あこがれや恋する感情を、大切な自分のきもちとしてうけとめ、相手とじょうずにつきあっていけるようにサポートすることが必要です。

1 恋《こい》をすると……

●気《き》になっちゃう

恋《こい》するきもちがめばえると、とにかくあいてのことがきになります。ほかのことが手《て》につかなくなってしまうこともあります。おかしな行動《こうどう》をとることもあるかもしれません。

●いっしょになにかしたい

「おはなししたい」「いっしょにあそびたい」など、いっしょになにかをしたいきもちになります。そうは思《おも》っても、「あそぼう」「おはなししよう」というゆうきはなかなかでません。そばにいくと、きんちょうしてなにもしゃべれなくなったりします。
はじめて感《かん》じるきもちにじぶんがへんになったように思《おも》うことがあるかもしれません。

2 かかわりたいのに……

あいてとなかよくなりたいのに、なにをどうしたらいいかわからなくなり、いじわるをしてしまうことがあります。

3 きもちをわかちあう

はじめてかんじるきもちは、じぶんではりかいできないものです。まわりにいるおとななどにきいてみましょう。
おとなは、じぶんの経験《けいけん》を説明《せつめい》しましょう。

アドバイス

初恋というのは、これまでに感じたことのないきもちがわいてきます。発達に遅れのある子どもの中には、そういう自分のきもちや、自分がしてしまう行動を「自分がヘンになった」と受けとめることがあります。

また、相手に対し理不尽なことをしたり、そんな自分の行動をつじつま合わせしようとして、まわりからは「ヘリクツ」としか思えないいいわけをすることもあります。

ある発達に遅れのある子どもは、自分のきもちをうまく表現できなくて、相手の座っている椅子の下にもぐりこんでしまい、だれがなんと言おうとじっと動かないまま、涙を流し続けていました。「こんな自分はいやだけど、どうしたらいいかわからない」というきもちだったのではないでしょうか？

「恋するきもち」は否定されるものではありません。リラックスしたおしゃべりの場で「だれだってそんなきもちになるよ」と説明してあげたり、おなじような経験を友だちや信頼するおとなと分かちあうと、きもちが整理されていきます。そういう「場づくり」に実践のカギがあります。

20 夢精したらどうしたらいいの？

めやす 10～12歳

思春期になった男の子は、夢精をすることがあります。二次性徴のしるしで、男性なら、だれでも経験することです。はずかしいことでも、いやらしいことでもありません。

しかし、朝起きたとき、パンツがベトベトしていることで、ショックを受ける子どももいます。また、おねしょとかんちがいしたり、なんとなくはずかしい感じがあって、親に相談できない子どももいます。

子どもから相談をされたときには、夢精はだれにでもあるということを教え、安心させてあげてください。また、よごれた下着は自分で精液を洗い流してから洗たくカゴに入れるようにします。

1 はじめての夢精《むせい》

夢精《むせい》はおとこの子《こ》のからだがおとなになったしるしです。ベタベタしたものは、ねているときにペニスのさきからでた精液《せいえき》です。夢精《むせい》は、おとなのおとこのひとなら、だれでも経《けい》験《けん》のあることです。

1
あ?
2
おねしょしちゃった。さいきんしなくなったのに、どうしよう……
3
どうかしたの？
おねしょ…
4
それは夢精《むせい》といっておとなになったしるしだよ！
おねしょじゃないんだ！ぼくおとなになったんだ！

2 夢精《むせい》したときにすること

夢精《むせい》でパンツがぬれたときは、パンツをはきかえます。ぬれたパンツは水《みず》であらって、せんたくかごに入《い》れます。精液《せいえき》をあらい流《なが》しておけば、ほかの洋服《ようふく》といっしょにせんたくできます。パンツをじぶんであらえることが、だいじです。

❶下着《したぎ》をはきかえる

❷下着《したぎ》を水《みず》であらう

❸下着《したぎ》をせんたくかごに入《い》れる

3 夢精《むせい》について知《し》っておいてほしいこと

①夢精《むせい》はだれにでもおこります
②夢精《むせい》はいやらしいものやはずかしいものではありません
③射精《しゃせい》はおとなの男性《だんせい》がみんな経験《けいけん》していることです

アドバイス

夢精はマスターベーションよりも先に経験することが多いようです。そのため、精液がどういうものかわからず、朝起きたときパンツがぬれていると、おしっこをしてしまったと思う子どもが多いのです。

子どもは、「おねしょをしてしまった」とかんちがいしていたり、なんとなくはずかしいことがおこっていると思って、おとなに相談しません。

家庭でも思い当たることがあったときは、子どもの不安をとりのぞくために、夢精について3の内容を説明してください。

夢精は、からだがおとなになった証拠です。夢精に気がついたら、おめでたいこととして、子どもとよろこびあう機会をつくってください。

21 月経のときはどうしたらいいの？

めやす 10～12歳

女の子が大人の女性のからだになると、毎月、血液のようなものが性器から出るようになります。これを「月経」といいます（月経のしくみは、26ページを参照してください）。

発達に遅れのある子どものばあい、突然の月経を受けとめるのに困難さがともないますので、早い段階から、月経がおこることを教え、「こころの準備」をしておくようにします。

生理用品の種類と使い方、選び方、使用済みのナプキンの処理方法なども教えます。また、月経が始まった日・おわった日を記録する習慣を身につけるようにします。

1 こころの準備《じゅんび》

突然《とつぜん》の月経《げっけい》がきたとき、子《こ》どもはとても動揺《どうよう》します。はやい段階《だんかい》から「こころの準備《じゅんび》」をしておくようにします。

母親《ははおや》や女性《じょせい》の教師《きょうし》の月経《げっけい》に立《た》ち会《あ》わせ、生理用品《せいりようひん》の使《つか》い方《かた》を実際《じっさい》に教《おし》えます。

月経《げっけい》(生理《せいり》)に
なったよ
おめでとう。
おとなの
なかまいりね。

2 生理用品《せいりようひん》の種類《しゅるい》

●ナプキン……経血《けいけつ》の量《りょう》や、つかう場面《ばめん》にあわせていろいろな種類《しゅるい》のものがあります。

・経血《けいけつ》が多《おお》いとき用《よう》
・少《すく》ないとき用《よう》
・運動《うんどう》をしても経血《けいけつ》がもれにくい工夫《くふう》がされているもの
・うすくても経血《けいけつ》をたくさん受《う》けとめられるもの
・夜《よる》ねるとき用《よう》
・ショーツにはるシール付《つ》きのタイプ

●羽根《はね》つきナプキン
ショーツにしっかりとくっつけられるように両側《りょうがわ》にもシールがついているため、ずれにくい

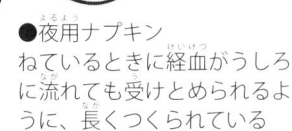

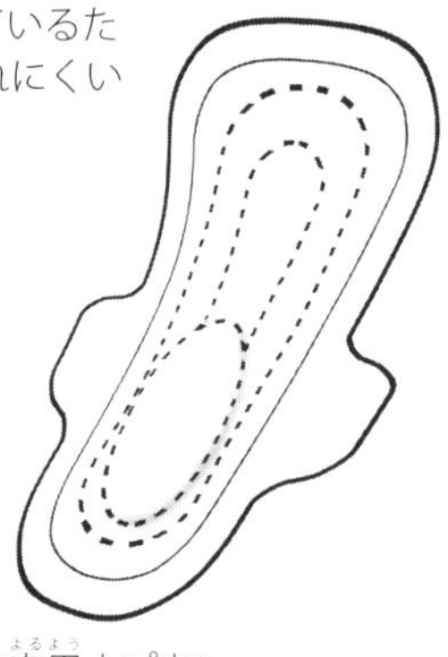

●経血《けいけつ》が少《すく》ないとき用《よう》
うすくて短《みじか》いので、つけている違和感《いわかん》が少《すく》ない

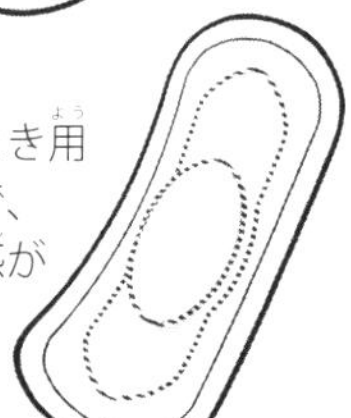

●夜用《よるよう》ナプキン
ねているときに経血《けいけつ》がうしろに流《なが》れても受《う》けとめられるように、長《なが》くつくられている

●生理用《せいりよう》ショーツ……ナプキンがずれにくく、経血《けいけつ》がもれないように工夫《くふう》された専用《せんよう》のショーツです。

●タンポン……ワギナ（膣《ちつ》）のなかに入《い》れて経血《けいけつ》を吸収《きゅうしゅう》させるタイプの生理用品《せいりようひん》です。

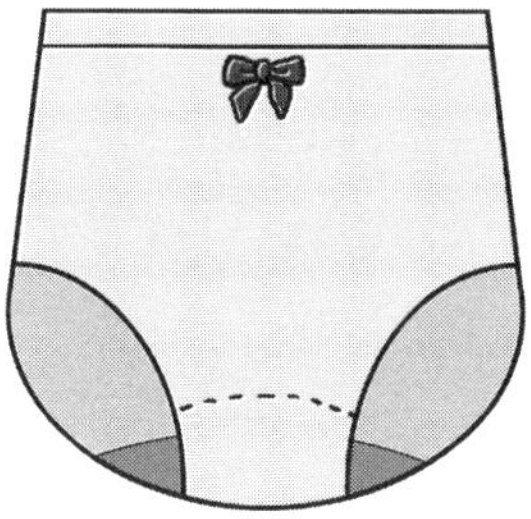

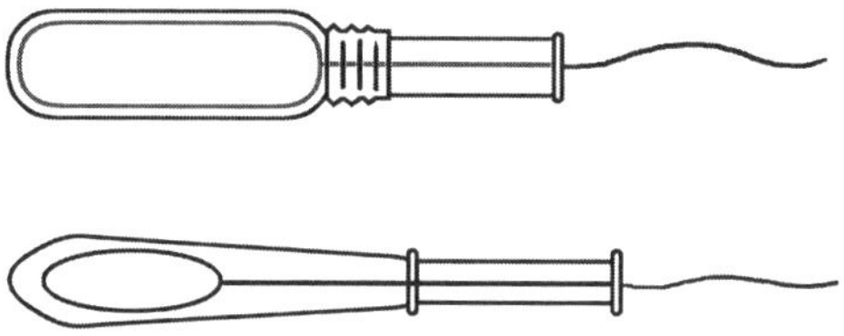

3 ナプキンのとりかえかた

月経《げっけい》の１日目《にちめ》と２日目《かめ》は、たくさんの経血《けいけつ》が出《で》ます。１～２時間《じかん》おきにトイレに行《い》きあたらしいナプキンととりかえます。

❶トイレでパンツをぬいで、よごれたナプキンをはずす

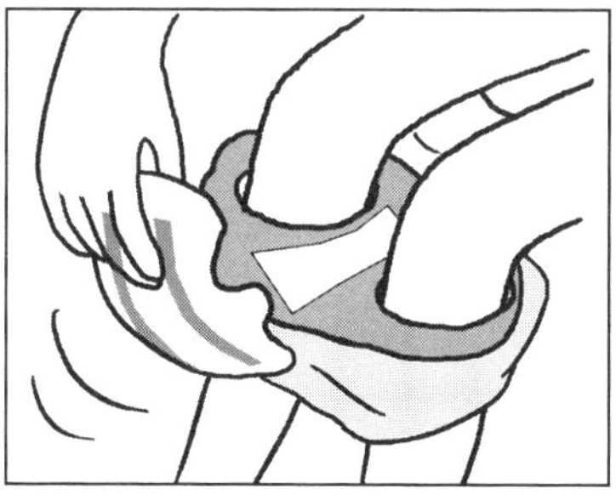

❷よごれたナプキンを、よごれたところが見《み》えないように、丸《まる》める

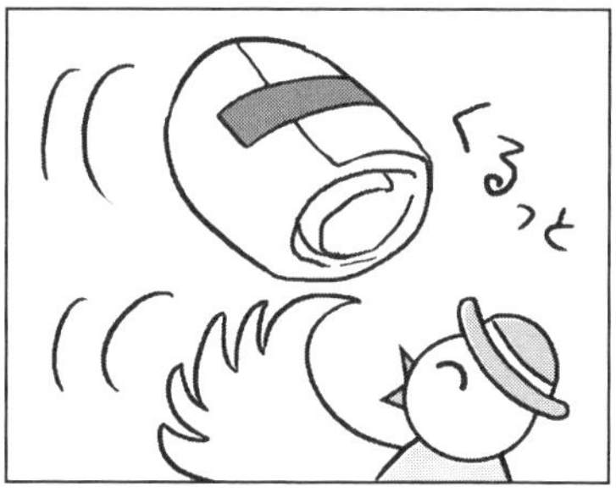
くるっと

❸丸《まる》めたナプキンをトイレットペーパーでくるむ

つつんで

❹トイレットペーパーでくるんだナプキンを、サニタリーボックス（トイレのなかにある小《ちい》さなゴミ箱《ばこ》）にすてる

きちんとね

❺新《あたら》しいナプキンを出《だ》して、パンツのなかにあてる

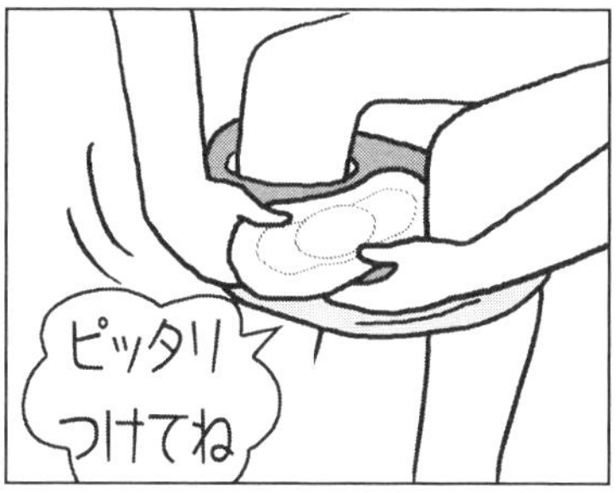
ピッタリつけてね

❻パンツをはく

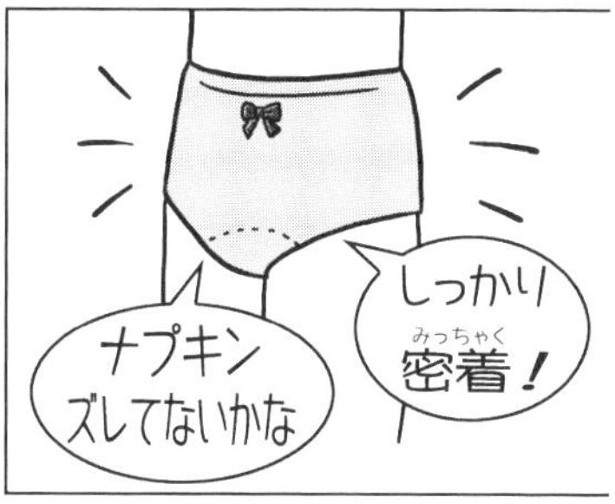
ナプキンズレてないかな
しっかり密着《みっちゃく》！

つかったナプキンをトイレに流《なが》してはいけません

トイレに流《なが》さないで～

4 月経痛《げっけいつう》について

月経中《げっけいちゅう》は、下腹部《かふくぶ》や腰《こし》のまわりがいたくなることがあります。これを月経痛《げっけいつう》といいます。月経痛《げっけいつう》がつらいときは、しんらいできるおとなに相談《そうだん》し、市販《しはん》のくすり（鎮痛剤《ちんつうざい》）を使《つか》います。ひどいばあいは、婦人科《ふじんか》に連《つ》れて行《い》ってもらいます。

5 月経《げっけい》をきろくする

月経《げっけい》のはじまった日《ひ》と、おわった日《ひ》を、日記《にっき》やカレンダーにつけます。月経《げっけい》の記録《きろく》があれば、つぎの月経《げっけい》がいつくるのかを予想《よそう》できます。
はじめのころは、なかなか月経《げっけい》がこなかったり、予定《よてい》よりはやくきたりします。

6 月経中《げっけいちゅう》のおふろ

月経中《げっけいちゅう》はにおいがあったり、経血《けいけつ》がからだについていたりします。からだを清潔《せいけつ》にしておかなければいけません。毎日《まいにち》、シャワーやおふろに入《はい》ってからだを石《せっ》けんであらいます。
湯《ゆ》ぶねには、入《はい》ってもいいですが、おふろからあがるときに、湯《ゆ》ぶねのなかや、あらい場《ば》をよく見《み》て、あとの人《ひと》のためによごれをすくい出《だ》したり、流《なが》したりしましょう。

7 月経中《げっけいちゅう》のプール・体育《たいいく》の授業《じゅぎょう》

経血《けいけつ》がたくさん出《で》る日《ひ》や、月経痛《げっけいつう》のはげしい日《ひ》は、プールに入《はい》るのはやめ、体育《たいいく》は見学《けんがく》します。
元気《げんき》なときはプールも体育《たいいく》もできます。プールに入《はい》るときは、タンポンをつかいます。
月経中《げっけいちゅう》であることを知《し》られたくないために無理《むり》をする子《こ》がいますが、女性《じょせい》にはかならずあるものなので、はずかしがることはありません。まよったときは、先生《せんせい》に相談《そうだん》します。

アドバイス

発達に遅れのある子どもが自分のからだで始まった月経を理解し、日常のこととして受けとめられるようになるまで、かなりの時間がかかります。

月経が始まる前、早い段階から必要な知識を教え、生理用品の用意、使い方を実際に教えるなどの早めに準備をしておくことで、ゆとりをもって、明るく前向きに初経を迎えられるようにしましょう。

子どもに月経を教えるときに、月経の痛みや手当てのわずらわしさを強調することは避けます。子どもが月経を受け入れるハードルが高くなるだけではなく、二次性徴がおこったからだを肯定するきもちが低下してしまうおそれがあります。

発達の遅れの程度によっては、月経の手当てを保護者や支援者がサポートすることが必要になります。その際も、月経をマイナスのイメージでとらえないように、「月経は健康のしるし。今月もあってよかったね」と声をかけましょう。

22 ハグのマナー

めやす 10～12歳

同性・異性を問わず、友だち、知りあいのあいだのあいさつとして、ハグがおこなわれることがあります。ハグの習慣がなかった日本では、とてもデリケートな問題です。

だれにでも、ところかまわず抱きついてよいわけではありませんが、幼いころの、抱きしめられたり、抱きついたりする行動は、親子のあいだ、他者とのあいだで愛着関係を形成するために、欠かせない行為です。

おとなになっても、うれしいことや悲しいことを抱きあって「きもちを分かちもつ」ことはコミュニケーションの基本です。

1 ハグはいつする？

どんなときならハグしてよくて、どんなときならハグするのがだめなのかを、友《とも》だちや家族《かぞく》といっしょにかんがえてみましょう。
「ハグは○秒《びょう》まで」「ちからはこれくらいで」などと決《き》まりがあるわけではありません。あいさつだけなのか、きもちがもりあがっているときなのか、そのときどきのおたがいのじょうきょうによってかわります。

❶みんなでうれしいきもちになったとき

うれしいきもちがいっぱいのときに、みんなでハグしあってよろこぶことは、いいでしょう。

❷ないている友《とも》だちをなぐさめるとき

たいせつな人《ひと》が悲《かな》しがっているとき、そっとかたをだいてあげます。
手《て》をにぎったり、せなかをさすってあげても、きもちを伝《つた》えることができます。

2 ハグがいやなとき

相手《あいて》のきもちをたしかめずにだきついてしまうと、その人《ひと》がおどろいたり、いやなきもちになることがあります。
どんなときでもだきつかれるのがいやなひともいます。人《ひと》にはそれぞれのきもちがあるので、相手《あいて》が、やめてほしいといったときは、ぜったいにやってはいけません。
ハグされていやなときは、「イヤだから、やめて」ときもちを伝《つた》えます。

3 ハイタッチをする

ハグはいやな人《ひと》でも、手《て》をにぎったり、ハイタッチはいい人《ひと》がいます。もちろん、「いやだな」と感《かん》じる人《ひと》もいます。
たいせつなことは、相手《あいて》のきもちを考《かんが》えた行動《こうどう》をすることです。

アドバイス

　ハグのルールを教えることは難しく、正解がないように思えます。しかし、他者との距離をはかることや、相手のきもちを考えるという点では、すべてのコミュニケーションとおなじです。社会生活の中では不特定の人と関わりあいをもちます。実際のふれあいの中で「これはいやかな？」「これが嬉しいかな？」と考えあってみましょう。
　人に抱きつくくせのある子どもの中には、幼いころの愛着形成が不十分であることもあります。いまその子が不安に感じていたり、満たされていないと思っていることはないか、観察してください。
　また、支援者や教員から子どもをハグするのは、ハラスメントになるおそれがあります。子どものきもちはさまざまですし、おなじ子でも、そのときどきによって受け止め方がかわります。これは慎むべきことです。

23 マスターベーションってどんなこと？

めやす 13～15歳

マスターベーションとは、男の子なら、自分でペニスをさわって射精すること、女の子なら、ワギナや乳房をさわってきもちよくなることです。セルフプレジャー（自分の楽しみ）ともいいます。

マスターベーションは、からだに害はありません。不必要なことでもありません。禁止する必要はないことで、人に見られない場所でするということや、清潔な手でするということを伝えていきます。

とくに男の子にとってマスターベーションは、性的なきもちのコントロールにつながる不可欠なことです。

1 マスターベーション

マスターベーションは、じぶんでじぶんの性器《せいき》をさわってきもちよくなることです。性器《せいき》をさわってきもちよくなることは、いやらしいことではありません。

性器《せいき》をさわる前《まえ》には、手《て》を洗《あら》います。性器《せいき》を傷《きず》つけないように気《き》をつけます。

◆男《おとこ》の子《こ》のマスターベーション

◆女《おんな》の子《こ》のマスターベーション

2 どこでマスターベーションをする？

◆マスターベーションをしてよいところ

マスターベーションはひとりになるところでします。じぶんの部屋《へや》、ひとりでおふろに入《はい》るときがいいでしょう。

◆マスターベーションをしてはいけないなところ

ペニスやワギナは、プライベートゾーンでとてもたいせつなところです。ほかの人がいるときは、だれもいないところに移動《いどう》します。

そとでは、じぶんはかくしているつもりでも、かならず見《み》ている人《ひと》がいます。

アドバイス

マスターベーションができるようになることは、性の自立の過程の中でとくにたいせつな歩みです。とくに思春期には情緒を安定させることにもつながります。

マスターベーションをするかしないかは本人が決めることで、何回してもかまいません。

女性も、２人に１人がマスターベーションをするといわれています（日本性教育協会／ JASE の調査より）。

人前でマスターベーションをする子どもには、家や学校のなかに安心してマスターベーションできる場所を用意します。もしも、家族や友だちの前でマスターベーションを始めたら、まずは適切な場所への移動をうながします。もし、それが難しいばあいは毛布などをかけて隠してあげるなどの配慮をします。

発達段階に応じて、見守りや支援が必要なばあいもあります。上肢の機能などに障害があるときなどは、その障害に応じて介助が必要なばあいもあります。

24 セックスってどんなこと？

めやす 13～15歳

　人を好きになり、その人とおつきあいすることになれば、2人でいろんなことをしてみたくなります。あそびに行きたい。おしゃべりしたい。手をつなぎたい。抱きあいたい。キスしたい。セックスしたい……。

　そのきもち自体は、否定されることではありません。大人が頭ごなしに否定することで、そんなふうに思う自分のきもちがおかしいと感じてしまうかもしれません。

　セックスをすると、妊娠の可能性があります。また、性感染症の危険もあります。いずれもこころとからだ、生活に大きな変化をもたらすことであると理解する必要があります。

1 セックスってなにをすること？

おたがいにすきあう人間《にんげん》が、ともに「セックスをしたい」というきもちになったら、抱《だ》きあったり、おたがいのからだをやさしくさわりあったり、キスしたりします。

男性《だんせい》はペニスが勃起《ぼっき》し、女性《じょせい》はワギナがぬれてきたときにペニスをワギナのなかに入れます。腰《こし》をうごかしていると、男性《だんせい》はきもちよくなり、ペニスから精液《せいえき》がでます。精液《せいえき》が女性《じょせい》の子宮《しきゅう》のなかに入《はい》っていくので、避妊《ひにん》をしていないと妊娠《にんしん》する可能性《かのうせい》があります。

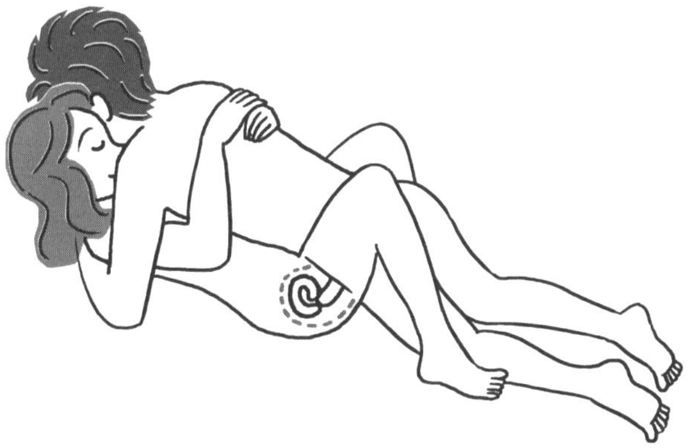

2 セックスしたらどうなるの？

避妊《ひにん》をしていないと1回のセックスでも妊娠《にんしん》することがあります（あかちゃんができるしくみは、29ページをよんでください）。

また、性感染症《せいかんせんしょう》という病気《びょうき》になる危険《きけん》もあります。

性感染症《せいかんせんしょう》は、セックスなどでうつる病気《びょうき》で、性器《せいき》が痛《いた》くなったりうみが出《で》たりします。この病気《びょうき》のせいであかちゃんが産《う》めないからだになることもあります（くわしくは62ページをよんでください）。

3 まだ、セックスはしたくない

セックスをしたいか、したくないかはひとりひとりちがいます。おたがいが「セックスをしたい」と思《おも》うまでは、セックスをしてはいけません。じぶんが、セックスをしたくない、と思《おも》うなら、きちんと相手《あいて》に伝《つた》えます。

4 セックスはふたりきりの場所《ばしょ》でします

けっこんしているばあいは、じぶんの家《いえ》でできます。どちらかがひとり暮《く》らしであれば、どちらかの家《いえ》でできます。
家族《かぞく》と暮《く》らしていたり、しせつで暮《く》らしているばあいは、じぶんの部屋《へや》ではセックスしないようにします。となりの部屋《へや》に、セックスしている声《こえ》がきこえてしまうかもしれません。それを、ふゆかいに思《おも》うひともいます。
18 さいをすぎたら、お金《かね》を払《はら》えばラブホテルが利用《りよう》できます。じぶんで生活《せいかつ》できるようになり、じぶんの部屋《へや》をもつことも考《かんが》えます。

アドバイス

思春期は男女交際に興味をもち、性的な欲求も高まります。セックスすることで起こってくるさまざまな危険（性感染症や性暴力、妊娠、人工妊娠中絶、出産など）を考えずに、性的関係を求めている子どももいます。

セックスについて教えるときは、
①相手のきもちをたいせつにすること
②好きな人どうしのたいせつな行為であること
③望まない妊娠や性感染症のリスクがあること
を同時にくりかえし伝えることがポイントです。

おとなになれば自然にでてくるセックスをしたいという欲求を、周囲の都合で禁止することはできません。日頃から男女のからだのこと、健康のこと、いのちのことなどを具体的な話題で考えあい、子どもたちが自身の性行動をコントロールするちからを身につけるよう支援します。日頃から性の話ができる雰囲気をつくっておくことは、子どもたちが自己判断であやまった行動をとってしまうことを防ぐことにもなります。

25 性情報のえらびかた

めやす 13～15歳

子どもたちは、おとなが思うよりもはるかに多くの性情報を簡単に手に入れることができます。

携帯電話やパソコンでインターネットにアクセスすれば、ポルノ画像や動画を見ることができます。コンビニエンスストアでは、成人雑誌が子どもたちの目に入り、家庭の中にも、家族やきょうだいの成人雑誌やアダルトビデオなどがあるかもしれません。

商業的に性を扱うポルノ作品は、性を極度にゆがめて表現し、性的欲望をあおりたてることを目的としています。中には幼児を性行為の対象にした違法な作品まで販売されています。

このような社会状況では、性をただしく教えないと子どもたちの性意識がゆがめられてしまいます。

1 性《せい》の情報《じょうほう》に気《き》をつけよう

コンビニエンスストアで「きれいなお姉《ねえ》さんだ」と思《おも》って、たまたま手《て》にとった雑誌《ざっし》が成人向《せいじんむ》けの雑誌《ざっし》のこともあります。インターネットを使用中《しようちゅう》にたまたまクリックしたウェブサイトが成人向《せいじんむ》けの場合《ばあい》もあります。何《なん》の雑誌《ざっし》か、どんなサイトかがわからないから興味《きょうみ》をもってしまいます。

2 友《とも》だちからへんな雑誌《ざっし》をわたされたら……

◆みんなで話《はな》しあってみましょう

友《とも》だちが、家《いえ》からもってきたといって、はだかの女《おんな》の人《ひと》がうつった雑誌《ざっし》をもってきました。あなたならどうしますか？

3 性《せい》について語《かた》れるおとな

性《せい》のことで、わからないこと、知《し》りたいことがあっても、じぶんだけかもしれないと思《おも》うと、聞《き》きにくいかもしれません。身《み》のまわりのしんらいできるおとなに質問《しつもん》してみましょう。

4 参考になる性に関するサイト

ほぼまちがいなく信頼できる３つのウェブサイト

◆おもに女性の性について
「河野美代子からだの相談室」
http://akibajuku.sakura.ne.jp/kohno/html/page1.html

◆おもに男性の性について
「紳也 's ホームページ」
http://homepage2.nifty.com/iwamuro/

◆おもに思春期の性の悩みについて
「Dr. 北村の JFPA クリニック」
http://www.jfpa-clinic.org

アドバイス

障害児の性教育の中では、“ダメダメダメはダメ”という言葉があります。頭ごなしの「禁止」は信頼関係をこわすばかりか、子どもの自己否定にもつながります。

頭ごなしに叱っても、おとなの知らないところでコソコソ見て、ゆがんだ性意識が一方的にすり込まれていくことにもなります。

ゆがんだ性情報から子どもを完全に守ることはできません。重要なことは、積極的にただしい知識を「伝える」ことです。このおとなには「性について話してもいいのだ」と信頼すると、子どもたちはここぞとばかりに質問をします。聞きたいことがあっても、自分だけかも知れないとなかなか相談できません。知りたいけれど、聞けるおとながいないことが問題なのです。

性の話が当たり前にできる環境を保障していきましょう。まちがった性情報やゆがんだ性意識にさらされても、ただしていくことができます。「ダメ」というより、ただしいことを「伝える」ことで、適切な性意識が育っていきます。

26 性感染症の予防

めやす 16～18歳

性感染症は、感染してもしばらくのあいだは痛みなどの自覚症状があらわれないことが多く、感染しているかどうかを見た目だけで判断することができません。

痛みやかゆみなどがでても、なかなか相談しにくいため、発見が遅れ、重症化することや、知らないうちに感染源になっていることもあります。

性感染症に限らず、心配事を子どもがひとりでかかえこまず、すぐに相談できる信頼関係を日頃からつくっておくことがたいせつです。

性感染症の種類や、おもな症状を教えるとともに、予防法の1つであるコンドームの使い方をくりかえし教え、身につけられるようにします。

1 性感染症《せいかんせんしょう》の種類《しゅるい》

性感染症《せいかんせんしょう》とは……セックスなどによってウイルスや細菌《さいきん》などの病原体《びょうげんたい》に感染《かんせん》する病気《びょうき》
感染《かんせん》するちからや、治療法《ちりょうほう》や完全《かんぜん》に治《なお》るかどうかにはそれぞれに特徴《とくちょう》があります。
女性《じょせい》のばあいは（産《さん》）婦人科《ふじんか》、男性《だんせい》は泌尿器科《ひにょうきか》で検査《けんさ》を受《う》け、必要《ひつよう》なちりょうも受《う》けます。
気《き》になることがあれば、しんらいできるおとなに相談《そうだん》してみましょう。

名《な》 前《まえ》	潜伏期間《せんぷくきかん》	症《しょう》 状《じょう》
HIV ／エイズ	数《すう》カ《か》月《げつ》～10数《すう》年《ねん》	潜伏期間中《せんぷくきかんちゅう》は、元気《げんき》そうで病気《びょうき》に気《き》がつかないが、だんだんからだを守《まも》るちからが弱《よわ》くなっていく。熱《ねつ》がでたり、げりをしたり、体重《たいじゅう》が減《へ》るなどし、肺炎《はいえん》やガンにかかりやすくなる。保健所《ほけんじょ》などで、名前《なまえ》を言《い》わないでも、無料《むりょう》で検査《けんさ》を受《う》けられる。
淋病《りんびょう》	2～10日《か》	男性《だんせい》 おしっこをするときに、はげしいいたみがある。ペニスからうみが出《で》て、パンツがよごれて気《き》がつく。 女性《じょせい》 気《き》がつかないことが多い。病気《びょうき》が進《すす》むと、おしっこをするときに、痛《いた》みがあったり、うみが出《で》る。おりものが増《ふ》える。
クラミジア	1～3週間《しゅうかん》	とくに症状《しょうじょう》があらわれないまま悪《わる》くなっていくことが多《おお》い。オーラルセックスによって、咽頭《いんとう》（のどの粘膜《ねんまく》）に感染《かんせん》することもある。 男性《だんせい》 おしっこをするときにヒリヒリしたり、ペニスからうみが出《で》る。 女性《じょせい》 おなかがいたくなったり、おりものが増《ふ》えたり、おしっこをするときに、痛《いた》みがある。
尖圭《せんけい》コンジローマ	3カ月《げつ》くらい	性器《せいき》（ワギナ）や肛門《こうもん》などに、イボやできものができる。種類《しゅるい》によっては、ガンになることもある。
性器《せいき》ヘルペス	2～10日《か》	ペニスやワギナがかゆくなったり、小《ちい》さな水《すい》ほうができる。おしっこをするときにつよい痛《いた》みもある。熱《ねつ》が出《で》ることもある。治《なお》ってもからだの調子《ちょうし》が悪《わる》くなると、また症《しょう》状《じょう》が出《で》てくることもある。
トリコモナス	1～2週間《しゅうかん》	じぶんで気《き》がつかないことが多《おお》い。 男性《だんせい》 おしっこをするときに、痛《いた》みがある。 女性《じょせい》 おりものが増《ふ》えたり、においがするようになる。また、ワギナが赤《あか》くなる。
子宮《しきゅう》けいガン		女性《じょせい》の病気《びょうき》。じぶんで気《き》がつかないことが多《おお》い。月経《げっけい》でないのに血《ち》が出《で》たり、おりものが増《ふ》えたりする。治療《ちりょう》しないと、あかちゃんが産《う》めないからだになったり、死《し》ぬばあいもある。予防《よぼう》ワクチンがある。

2 潜伏期間中《せんぷくきかんちゅう》に病気《びょうき》はうつらない？

病気《びょうき》に感染《かんせん》してから、病気《びょうき》の症状《しょうじょう》がでるまでの潜伏期間中《せんぷくきかんちゅう》は、じぶんでは病気《びょうき》にかかっていることがわかりません。

潜伏期間中《せんぷくきかんちゅう》でもセックスをすれば、相手《あいて》に病気《びょうき》をうつしてしまうことがあります。

◆潜伏期間《せんぷくきかん》ってなに？（感染《かんせん》から発症《はっしょう》まで）エイズの例《れい》

感《かん》　染《せん》 - - - ▶ 数《すう》カ月《げつ》～10年《ねん》（潜伏期間《せんぷくきかん》） - - - ▶ **発《はっ》　症《しょう》**

3 感染《かんせん》をふせぐための方法《ほうほう》

セックスをするときには、かならずコンドームをつけます。性器《せいき》だけではなく、のどに感《かん》染《せん》する病気《びょうき》もあるので、オーラルセックスのときもコンドームをつけます。

4 ただしいコンドームのつけかた

❶ 箱《はこ》に書《か》いてある使用期限《しようきげん》をたしかめる。コンドームは穴《あな》があきやすいので、もち運《はこ》ぶときはハードケースに入れる。

❷ 中《なか》のコンドームをきずつけないように、ていねいにふくろを破《やぶ》る。

❸ うすいゴムでできているので、つめなどをひっかけると破《やぶ》れてしまうので、ていねいにあつかう。

❹ 表《おもて》と裏《うら》を確認《かくにん》する。

❺ 精液《せいえき》だまりを指《ゆび》でつまんで、勃起《ぼっき》したペニスにかぶせ、根元《ねもと》までおしさげる。

❻ 2つつけると破《やぶ》れやすくなるので、かならず1つだけにする。

❼ 射精《しゃせい》したらすぐに、ペニスの根元《ねもと》を指《ゆび》でおさえてコンドームごと引《ひ》き出《だ》す。

❽ ティッシュにくるんでごみ箱《ばこ》に捨《す》てる（根元《ねもと》をむすんでおくと精液《せいえき》がこぼれにくい）。

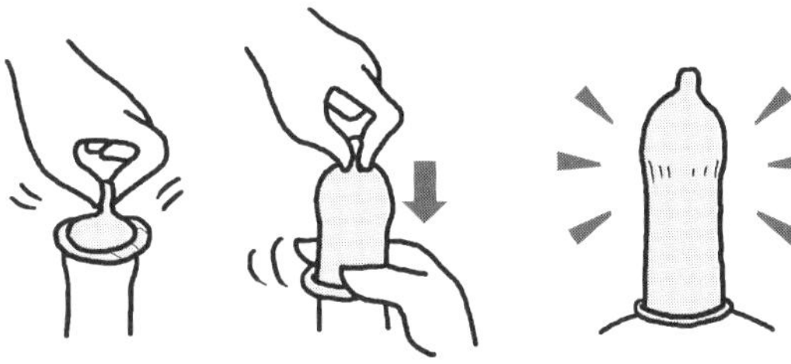

アドバイス

性感染症は、血液、精液、カウパー腺液、おりものなど、体液の中に入りこんだウイルスや細菌などの病原体が、ペニスやワギナ、口の粘膜などにつくことで感染します。

子どもたちにおもな症状を説明し、こころあたりの症状や不安があるときは、相談するように話します。相談されたときは、女性は（産）婦人科、男性は泌尿器科を受診します。

性感染症は、そのほとんどが性行為によって感染しますので、知らない人とのセックスは危険なこと、特定の相手とのセックスでも、避妊と性感染症の予防のためにコンドームを使うことの重要性をくりかえし教えます。

セックスをするときは、コンドームを使用することを確認します。相手のことや自分のことをたいせつに思っているのであれば、ごく自然なことであることをしっかりと教えます。

27 ピルってどんなくすり？

めやす 16～18歳

ピルは女性が口からのむ避妊薬で、服用すると排卵がおこらないため、妊娠するのを確実に防ぐことができます。また、ピルをのんでいると、月経が規則正しくなるので、月経がいつくるのかを把握しやすくなります。

長期的にのみ続けることで、子宮体がんや卵巣がんのリスクを減らします。現在のピルは昔のものと比べほとんど副作用がないといわれています。

1 ピルの基本《きほん》 Q&A

Q　ピルって、なんのくすりですか？

A　女性《じょせい》が口《くち》からのむ避妊薬《ひにんやく》です。正《ただ》しくのんでいると妊娠《にんしん》を防《ふせ》ぐことができます。ＯＣ（oral contraceptive）ともいいます。また、ピルの効果《こうか》を利用《りよう》して、月経《げっけい》をおくらせたり、はやめることができます。

◆21錠《じょうはい》入っているタイプ

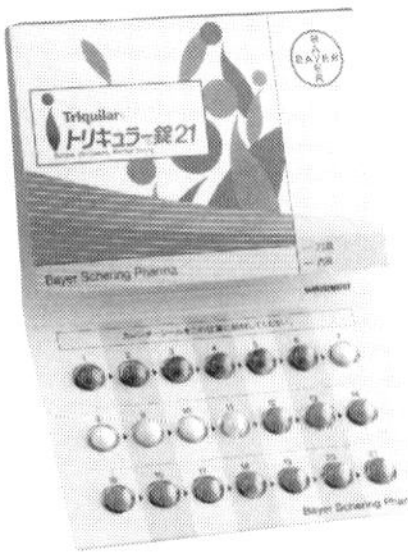
Triquilar
トリキュラー錠21

バイエル社《しゃ》
「トリキュラー21」

Q　ピルは、どこで買《か》えますか？

A　婦人科《ふじんか》でお医者《いしゃ》さんに処方《しょほう》してもらいます。思《し》春期外来《しゅんきがいらい》でもらえるところもあります。しんらいできるおとなに相談《そうだん》し、病院《びょういん》に連《つ》れて行《い》ってもらいます。1カ月《げつ》で約《やく》3000円《えん》です。

Q　だれでものめますか？

A　まだ月経《げっけい》がはじまっていない女《おんな》の子《こ》はのむことができません。お医者《いしゃ》さんに、ピルをのんでよいかを相談《そうだん》する必要《ひつよう》があります。

Q　ピルをのんでいる人《ひと》が、してはいけないことはありますか？

A　ピル以外《いがい》のくすりをのむときは、お医者《いしゃ》さんに相談《そうだん》する必要《ひつよう》があります。

Q　なぜピルをのむと、妊娠《にんしん》しなくなるのですか？

A　ピルをのんでいるあいだは、卵巣《らんそう》が休《やす》んでいる状態《じょうたい》になるため、排卵《はいらん》がおこりません。卵子《らんし》がないので、精子《せいし》が入ってきても受精《じゅせい》しません。ピルをのむのをやめれば、卵巣《らんそう》が正常《せいじょう》にはたらきはじめ、排《はい》卵《らん》がおこり、妊娠《にんしん》する状態《じょうたい》にもどります。

また、子宮《しきゅう》の入《い》り口《ぐち》の粘膜《ねんまく》を変化《へんか》させ精子《せいし》を通《とお》りにくい状態《じょうたい》にしたり、受精卵《じゅせいらん》を子宮内膜《しきゅうないまく》に着床《ちゃくしょう》しにくくします（妊娠《にんしん》のしくみは29ページをよんでください）。

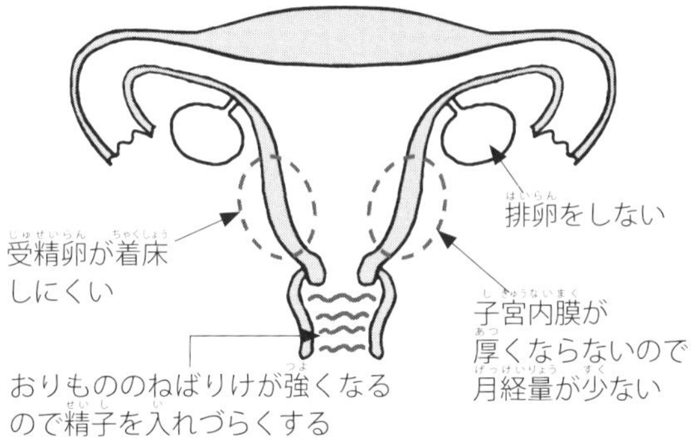
排卵《はいらん》をしない
受精卵《じゅせいらん》が着床《ちゃくしょう》しにくい
子宮内膜《しきゅうないまく》が厚《あつ》くならないので月経量《げっけいりょう》が少《すく》ない
おりもののねばりけが強《つよ》くなるので精子《せいし》を入《い》れづらくする

Q　ピルと月経《げっけい》にはどんな関係《かんけい》がありますか？

A　ピルをのんでいるあいだは、月経《げっけい》がおこりません。ピルをのまなくなった2～3日後《にちご》くらいから月経《げっけい》がはじまります。つまり、ピルをのむことで、月経《げっけい》の日《ひ》をコントロールできます。

Q　ピルをのめば、性感染症《せいかんせんしょう》も防《ふせ》げますか？

A　いいえ。ピルをのんでいても、コンドームをつけずにセックスなどをすれば、性感染症《せいかんせんしょう》にかかる可《か》能性《のうせい》はあります。

2 ピルののみかた

毎日《まいにち》決《き》まった時間《じかん》に、1錠《じょう》のみます。そして、21日《にち》間連続《かんれんぞく》してのみます。朝食《ちょうしょく》や夕食《ゆうしょく》のあと、ねる前《まえ》、はみがきの後《あと》などじぶんで時間《じかん》を決《き》めてのみます。
1つのシートに21錠入《じょうはい》っているものは、21日間《にちかん》のんだ後《あと》は7日間休《かかんやす》みます。
28錠入《じょうはい》っているものは、22錠目《じょうめ》から28錠目《じょうめ》にはピルの成分《せいぶん》が入《はい》っていません、のみ忘《わす》れを防《ふせ》ぐためには、28錠《じょう》タイプがおすすめです。

ピルののみかたカレンダー

休薬期間《きゅうやくきかん》
(薬《くすり》は飲《の》まない)

● 21錠《じょう》タイプ

①	②	③	④	⑤	⑥	⑦	⑧	⑨	⑩	⑪	⑫	⑬	⑭	⑮	⑯	⑰	⑱	⑲	⑳	㉑	㉒	㉓	㉔	㉕	㉖	㉗	㉘	㉙	㉚	㉛	①	②	③	④
月	火	水	木	金	土	日	月	火	水	木	金	土	日	月	火	水	木	金	土	日	月	火	水	木	金	土	日	月	火	水	木	金	土	日
○	○	○	○	○	○	○	○	○	○	○	○	○	○	○	○	○	○	○	○	○	×	×	×	×	×	×	×	○	○	○	○	○	○	○

←月経開始日《げっけいかいしび》から服用《ふくよう》を開始《かいし》

この間《あいだ》に出血《しゅっけつ》が起《お》こる
(消退《しょうたい》出血)

←次《つぎ》のシート開始《かいし》

①	②	③	④	⑤	⑥	⑦	⑧	⑨	⑩	⑪	⑫	⑬	⑭	⑮	⑯	⑰	⑱	⑲	⑳	㉑	㉒	㉓	㉔	㉕	㉖	㉗	㉘	㉙	㉚	㉛	①	②	③	④
月	火	水	木	金	土	日	月	火	水	木	金	土	日	月	火	水	木	金	土	日	月	火	水	木	金	土	日	月	火	水	木	金	土	日
○	○	○	○	○	○	○	○	○	○	○	○	○	○	○	○	○	○	○	○	○	●	●	●	●	●	●	●	○	○	○	○	○	○	○

● 28錠《じょう》タイプ

偽薬《ぎやく》を服用《ふくよう》

3 のみ忘《わす》れたら？

もし、1日《にち》だけのみ忘《わす》れたばあいは、気《き》がついたときに、すぐに1錠《じょう》のみます。そのあと、いつもの時間《じかん》に1錠《じょう》のみます。つまり、その日《ひ》は2錠《じょう》のむことになります。
2日以上連続《かいじょうれんぞく》してのみ忘《わす》れたばあいは、のむのをやめて、月経《げっけい》がくるのをまちます。月経《げっけい》がはじまったら新《あたら》しいシートのピルからのみはじめます。心配《しんぱい》なときは、お医者《いしゃ》さんに相談《そうだん》してください。

アドバイス

現在のピルは昔のものと比べ、副作用がほとんどないといわれていますが、のみはじめの時期は、めまい、吐き気、乳房のはり、頭痛などがおこるばあいがあります。ほとんどの人は、2～3カ月でその症状はなくなります。それ以上続くばあいは、お医者さんに相談してピルの種類をかえるとよいでしょう。

月経をコントロールし、自分の生活の質を高めるためにも、避妊を男性まかせにせず、女性が主体的に行動するためにも、ピルを試してみる価値はあります。

ピルをのむと妊娠を防ぐことはできますが、性感染症を防ぐことはできません。性感染症を防ぐために、かならずコンドームを併用するように教えます。

レイプされたときなどは、緊急避妊ピルをお医者さんで処方してもらうことができます（33ページ参照）。

【ピルなどの避妊方法については】
妊娠情報サイト　pill-ocic.net

28 みんなといっしょがたのしいよ

めやす 3～5歳

１人で走りまわっていた子どもも、しだいに２人、３人と友だちが増え、いっしょにいることが楽しくなります。

おにごっこや水でっぽうでみんなと夢中であそんだり、運動会でみんなといっしょにおどったり、ヒマワリやアサガオをみんなで育てたり……。なかまたちとの体験を通して、学びあい、助けあうよろこびを感じるようになります。

こういったなかまとの育ちあいで獲得した人間関係は、思春期以降、友だちや恋人など、特定な人間関係を築いていくときの基礎になります。幼児期のころから、なかまと協同するさまざまな機会を用意し、体験を重ねさせてあげてください。

1 なかまと楽しく

手足・からだ全体をふれあう遊びや、ゲームをとおして、ふれあい、関わりあい体験をつみ重ねます。幼児期からゆたかな「ふれあい」を子どもたちにあたえます。

●フォークダンス

●マッサージ

●かたもみ

●すもう

2 からだほぐし

からだがちぢみこんだり、カチカチにかたまっているとき「からだ」「こころ」「あたま」がうまくはたらかなくなります。
リズム運動など、さまざまなからだあそびをしながら「人間のからだっておもしろい！　ふしぎだな！」という感覚を育てます。

3 あいてのきもちをかんがえよう

したの４つのえをみて、そのばめんでの、やじるし（➡）のひとのきもちをかんがえましょう。

①

どうしてにげるの？

②

いっしょに
かえりたいな

③

あそぼ！

④

だ～いすき！

アドバイス

生まれつき障害をもっている子ども、発達に遅れのある子ども、あるいは虐待を受けてこころに深い傷を負っている子どもなど、さまざまな困難を抱えて生きている子どもがたくさんいます。まわりに対して、自分の願いが届かないもどかしさやくやしさを感じている子も少なくありません。

なかなか集団に入ろうとせず、ひとりで部屋のすみっこにいたり、子どもにも大人にも口を開こうとしない子どもがいます。

こうした子どもの指導・支援には、なかまたちとのあそび・グループゲームを積極的に取り入れることが必要です。泣いたり、笑ったり、いっしょに問題を解決していくために助けあう体験を通して、周囲のきもちを感じられるようになり、自己肯定感が高まっていきます。

「3あいてのきもちをかんがえよう」では、実際にロールプレイをおこない、みんなで話しあってみるのも、効果的です。「個別指導」が偏重される傾向がありますが、なかまとの学びあいをあらためて見直していく必要があります。

29 いのちのはじまり

めやす 3〜5歳

子どもから「あかちゃんはどうしてできるの？」という疑問をはじめて投げかけられたこのときが、最初の性教育のチャンスです。個人差はありますが、４歳ごろになるとこのような質問をしてきます。

この質問は性的な関心からではなく、素朴な疑問です。いのちの誕生という、きわめて重要な興味に対し、おとなが口ごもったり、ごまかしたり、否定したりしてしまうと、子どもたちはいのちの誕生をうしろめたく、隠すべきものだと感じてしまいます。自分自身の誕生も否定的にとらえてしまい、性と生の成長の核である自己肯定感が、幼児期の段階でもろくなってしまう可能性もあります。

1 あかちゃんはどうしてできるの？

あかちゃんは
どうして
できるの？
おかあさんのからだのなかにある
あかちゃんのもとと、
おとうさんのからだのなかにある
あかちゃんのもとがひとつになって
あかちゃんができるんだよ
そしてあなたが
うまれたいと
おもってくれたから
ここにいるのよ

2 あかちゃんのもとってなに？

おかあさんのからだのなかからは、つきに１かい、はりのあなくらいのおおきさのあかちゃんのもと（卵子《らんし》）がでてきます。
おとうさんのおちんちんからは、たくさんのオタマジャクシのようなあかちゃんのもと（精子《せいし》）ができます。
おかあさんとおとうさんのからだのなかにあったあかちゃんのもとがくっつくと、あかちゃんができます。

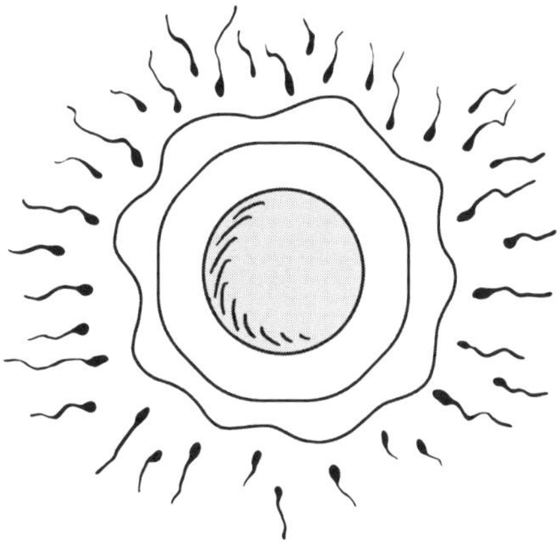

3 どうやって、あかちゃんのもとは１つになるの？

おとうさんとおかあさんがすきになって、だきあって、おとうさんのからだのなかにあったあかちゃんのもとを、おかあさんのからだのあかちゃんのもとにとどけ、むすびつきました。

4 妊娠・出産を模擬体験する

●妊婦を体験する

赤ちゃんと同じくらいの重さのおもりを身につけて、歩いたり、床に落とした鉛筆をひろったり、階段を歩いたりしてみます。

おもりは、肩ひものついたエプロンの裏に大きなポケットを付けて、その中に４キロの重さの砂袋を入れます（赤ちゃんの重さ＝３キロ、胎盤＝500グラム、羊水＝500グラム）。

みんなが体験したら、感想を出し合いましょう。

４キロの
おもり
（土）
エプロンに大きな
ポケットをつけ、
４kgのおもりを入れる

●産道を体験する

布を縫い合わせて、子宮と産道を作ります。赤ちゃん役の生徒が子宮の中で動き、赤ちゃんの「うまれるよ」という合図で、産道を通ってうまれてきます。

みんなが体験したら、感想を出し合いましょう。

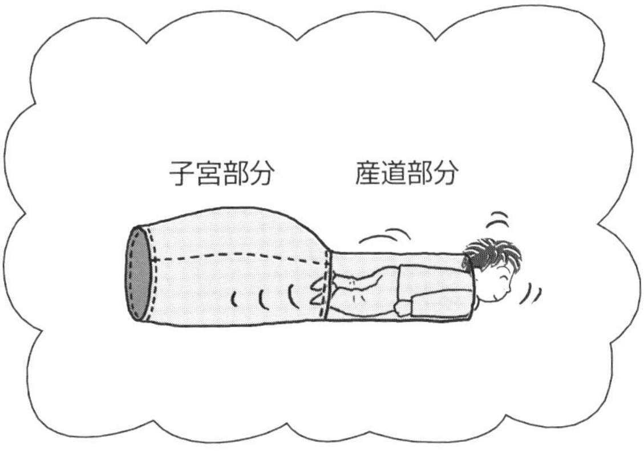
子宮部分
産道部分

アドバイス

幼児期の子どもには生殖のくわしい理解は困難ですが、それでも、いのちの誕生について素朴な疑問を抱きます。この疑問を正面から受け止め、科学的な事実と「望まれて生まれてきた」ということを伝えることが必要です。そして、自分が存在している事実を肯定できるように説明することがポイントです。

話の展開によっては、性交にふれる必要が出てくるかもしれません。その子どもが理解できる範囲で自然に説明できるように準備をしておきます。

親が離婚もしくは別居状態にあったり、望まれた妊娠・出産ではなかったりというケースもあります。また、被虐待児の中には、「望まれて」という説明を受けとめられないこともあります。

しかし、それでも、子どもはセックスという人間にとって最高のコミュニケーションによって誕生したという事実がかわるわけではありません。

望まれていないいのちなど存在しないということ、そして、生まれてきたのは、なによりもその子ども自身の「意志」ということを伝えます。

30 あかちゃんの生活

めやす６〜９歳

子どもたちといっしょに、あかちゃんが、自分でできることと、自分でできないことを話しあってみましょう。

あかちゃん人形を使うと、あかちゃんの生活や、あかちゃんを育てることを実感しながら具体的な話が展開できます。

あかちゃんは、だれかが世話をしないと、死んでしまいます。自分もみんなも、うまれたときは、あかちゃんだったことを知り、家族や親戚、近所の人びとなどに世話をされ、守られて生きてきたことがわかります。

これまでの自分の存在が、多くの人びとに支えられてきたことを気づかせてください。

1 あかちゃんがじぶんでできること

あなたも、うまれたときは、あかちゃんでした。どうぶつのあかちゃんのなかには、うまれてすぐにたち、あるくことができるものがいます。それは、じぶんのいのちをじぶんでまもるためです。じぶんでうごきまわることのできないにんげんのあかちゃんは、みんなにまもられていきていきます。

わらう
ねる
なく
おかあさんのおっぱい（ミルク）をのむ

2 あかちゃんがじぶんでできないこと

あかちゃんが、じぶんでできないことは、あかちゃんのまわりにいるひとたち（おかあさん、おとうさん、おばあちゃん、おじいちゃん、おねえさん、おにいさん、ほいくえんのせんせい、ヘルパーさんなど）がしてくれます。

おふろにはいる
ふくをきがえる
うんちやおしっこのしまつをする
じぶんであるいて、いどうする

3 あかちゃんのきもち

あかちゃんは、「おなかがすいた」「うんちをしたからきもちわるい」「だっこして」「ねむたい」「からだがしんどい」などのきもちをないてつたえています。

あかちゃんがないていると、まわりのひとたちは、とけいを見《み》てミルクのじかんかなとおもったり、おしめを見《み》たり、だっこをしたりして、あかちゃんがなぜないているのか、りゆうをかんがえます。

4 あかちゃんにんぎょうをだっこしよう

ほんとうのあかちゃんとおなじくらいの大《おお》きさ（50センチ）、おもさ（3キロ）のあかちゃんにんぎょうをだっこしてみて、きがえをさせたり、おふろにいれたりしましょう。

あなたは、どんなふうにだっこをされていたのか、ふくをきがえさせてもらったか、おふろにいれてもらったか、おぼえていますか？

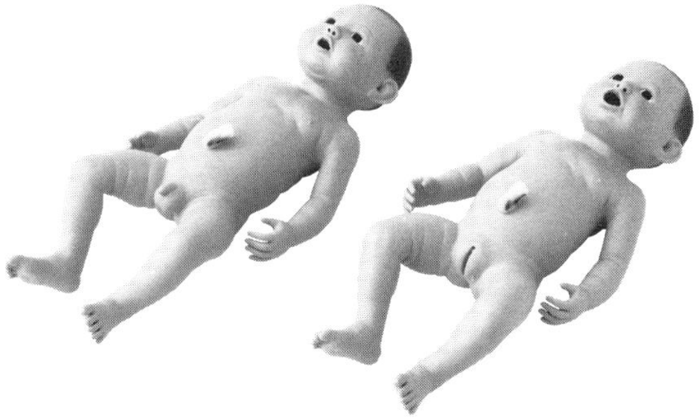

多目的実習用新生児モデル「コーケンベビー」（株式会社高研）

アドバイス

発達の遅れが軽度の子どもでも、自分が生まれたとき、あかちゃんだったことを理解していない子どもがいます。

いのちの誕生からあかちゃんの生活を追体験することで、自分がどのように生まれ、育てられたかを知ることができます。あかちゃん人形や実際の保育の写真などを使うと効果が高まります。あかちゃん人形を活用している学校もあります。地域の保健センターなどでも貸し出しています。

ただし、児童養護施設で育ったり、虐待を受けている子どもの中には、あかちゃん人形を受容し難いケースもあるので慎重にあつかってください。

子どもは、親、祖父母、保育士、ヘルパーなど、自分をとりまくおとなたちによって育てられたと知ることで、今の自分があることに気づきます。

教える側から一方的に「たいせつに育てられた」という説明をしても、実感が伴わなければ、ただの言葉の押しつけにすぎません。さまざまな体験・追体験を通して、子どもたちの気づきが育っていきます。

31 心地よい距離をさがすために

めやす６～９歳

私たちは、人とコミュニケーションをする際、無意識のうちに相手が自分にとってどんな存在かを判断して、おたがいに安心できる「距離」を確保しようとします。

発達の遅れのある／なしにかかわらず、人とのあいだに適切な、物理的、心理的距離感を保つとは難しいことです。

相手によっても、そのときの状況や些細なできごとによっても、距離感は大きく変化します。自分の距離感を一方的に押しつけようとしても、スムーズなコミュニケーションは成立しません。

距離感は数値化することも、それを算出する計算法があるわけでもありませんので、実際の生活の中で身につけていきましょう。

1 じかんやばしょによって、ここちよさはちがう

下《した》のえをみて、おんなの子《こ》が電話《でんわ》で話《はな》しているあいてのきもちをかんがえてみましょう。ひとによって、たのしいとかんじること、くるしいとかんじることはちがいます。あなたがしていることを、あいてはここちよいとおもっているでしょうか？

2 あいてのきもちをかくにんする

じぶんのおもいをあいてにつたえ、あいてのきもちをかくにんすることで、おたがいにきもちのよいコミュニケーションがとれます。

あしたのことで
そうだんがあるの。
すこしはなしを
きいてくれる？
いいよ。
でも、もうおそいし、
10 分《ぶん》だけね。

3 ケンカのあとでも、きっとなかなおりできます

ときには、ケンカをすることもあります。ケンカもあいてとなかよくなるチャンスです。
あいてはなにがいやで、どうしてケンカになったのかをかんがえてみましょう。

たいせつなことは、じぶんのおもいをあいてにつたえ、あいてのきもちもきちんときくことです。
ケンカやなかなおりをくりかえして、ここちいいきょりをみつけていきます。

アドバイス

「好きな人と近づきたい」と思うことや、「嫌いな人とは距離を置いて関わりたくない」と思うことはごく自然な感情です。

しかしそんな自分の思いを、そのままの態度や言葉で相手に伝えるだけでは円満な人間関係を結ぶことは困難です。

人と人との心地いい距離感は教えられるものではありません。だれしも失敗や成功をくりかえしながら、おたがいのことを知りあいながら、その人とのおつきあいを続けられるちょうどいい距離感を知っていきます。

その際に伝える側が意識しておきたいことは、距離感は数字やイラストで表現することができない、「非常にわかりにくいもの」だということです。見えないものをイメージすることが難しく、子どもに伝わりにくいと感じたばあい、一定のルールを提示してみます。

そのルールの中で人間関係が円滑に進む経験を積みながら、ルールをほかの場面に応用していければ、じょじょに人と人との距離の存在を実感していくことでしょう。

32 すきな人ができたときのために……

めやす 10～12歳

恋するきもちをコントロールすることは、発達に遅れがあってもなくても難しいことです。発達に遅れがあり、人との関係づくりに困難がある子どもたちには、信頼関係のあるおとなが、適切なアドバイスをしていくことがとくに必要になります。

好きな人に好かれたいというきもちが高まり、服装やヘアスタイルを気にしたり、おしゃれなどにも関心がむいていきます。好きな人の前では、自然な態度がとれなくなって、苦しくなってしまうこともあります。

ふだんの態度で、なかよく接していくほうが、きもちを伝えられることもアドバイスしてください。

1 「恋《こい》」のはじまり

だれかのことを考《かんが》えると、むねがドキドキしてためいきが出《で》てしまうことがあります。また、むねが「キュン」と、いたくなることもあるかもしれません。その人のことばかり考《かんが》えてしまい、なにも手《て》につかなかったり、ぎゃくにイライラしたり、ソワソワしてしまうこともあります。
それは、恋《こい》のはじまりかもしれません。

2 すきなきもちのあらわれ

恋《こい》をすると、相手《あいて》にはいいところを見《み》せたいと思《おも》い、わざと目立《めだ》つ行動《こうどう》をしたり、その子《こ》の関心《かんしん》をひこうとするものです。
また、すきな人に見《み》てほしいというきもちから、かわいい／かっこいい服《ふく》を着《き》たい、かわいい／かっこいいヘアスタイルをしたい、と思《おも》うこともあります。

3 素直《すなお》になれないことも……

すきな人《ひと》の前では、自然《しぜん》なふるまいができず、苦《くる》しくなってしまうこともあります。
ときには、知《し》らないうちに、いじわるなたいどをとってしまい、相手《あいて》の子《こ》をこまらせてしまうこともあります。
でも、ふだんどおりに、なかよくするほうが、相手《あいて》にきもちは伝《つた》わります。

4 すきになるあいては？

すきになる相手《あいて》は、人《ひと》それぞれです。おなじ性別《せいべつ》の相手《あいて》をすきになることもあります。それは、けっしておかしなことではありません。人《ひと》はだれをすきになってもよいのです（くわしくは 98 ページをよんでください）。

アドバイス

好きな人ができると、行動や相手に対しての態度が変わったりすることもあり、距離の保ち方がとても難しくなります。また、素直にきもちを伝える方法がわからず、意地悪をしたり、つめたい態度で接したりとさまざまなパターンがあります。

思春期になると、好きになった人には、「やさしくされたい」「恋人どうしになりたい」という欲求、「私以外の人となかよくしないでほしい」「ずっといっしょにいたい」などの独占欲もわいてきます。

テレビの恋愛ドラマや恋愛マンガの影響もありますが、思春期になるとその思いは強くなります。

しかし、好きになった相手が、自分とおなじきもちであるかどうかは、わかりません。自分の欲求にまかせて行動をしてしまえば、相手がいやがるかもしれません。

よりおとなになって、より本格的な恋愛をしたときにとまどわないように、思春期の淡い恋ごころを素直にあらわす方法をアドバイスしてください。

33 つきあうってどういうこと？

めやす 10〜12歳

「おつきあい」というのは、とても多様なあり方があり、それを言葉で説明し、理解させるのは難しいものです。

人とのつきあい方は、実際の生活のなかで身につけていくものですが、ロールプレイやデート体験をおこなって、状況や立場に応じて相手のきもちを考えることを実践します。

メールやSNS(ソーシャル·ネットワーキング·サービス）など、インターネットを使った文字によるコミュニケーションが普及していますが、文字による意思の表現や、その解釈の話しあいをしてみるとよいです。人それぞれ感じ方や価値観が違うことを知り、ただしい／まちがっているだけではないことを学びあいましょう。

1 恋《こい》したあいてに告白《こくはく》をしてみよう

Bさん
Aちゃんのことがすきなんだ。つきあってください
うれしいよ。わたしもBくんのことがすき
Aさん

◆どんなきもちになりましたか？

Aさん ＿＿＿＿＿＿＿＿＿＿

Bさん ＿＿＿＿＿＿＿＿＿＿

こんなにうれしくてしあわせなことはありません。地面《じめん》に足《あし》がつかないような、ふわふわしたきもちになり、なにをしてもたのしく、うれしいきもちになります。

2 かのじょはぼくのもの？

Bさん
日曜日《にちようび》は中学校《ちゅうがっこう》のときの友《とも》だちとあそぶから、Bくんとは会《あ》えないよ
そうなんだ……
Aさん

◆どんなきもちになりましたか？

Aさん ＿＿＿＿＿＿＿＿＿＿

Bさん ＿＿＿＿＿＿＿＿＿＿

恋人《こいびと》がほかの友《とも》だちとあそんでいると、やきもちをやいてしまうことがあります。エスカレートすると、相手《あいて》の行動《こうどう》をいつも確認《かくにん》したくなったり、そくばくしようとしてしまうこともあります。

3 メールで返事《へんじ》が……

きょうは、
友《とも》だちとあそんでいたから
つかれちゃった
Bより
Aさん

◆どんなきもちになりましたか？

Aさん ＿＿＿＿＿＿＿＿＿＿＿＿＿＿＿＿

じっさいにあって話《はなし》をすれば、表情《ひょうじょう》、動作《どうさ》、声《こえ》の様《よう》子《す》などからニュアンス（びみょうな意味《いみ》）をふくめて伝《つた》えあうことができますが、メールなどではそれができません。

4 いろいろな人間関係《にんげんかんけい》

友《とも》だちとあそんで
たのしかった？
たのしかったよ！
Bさん
Aさん

◆どんなきもちになりましたか？

Aさん ＿＿＿＿＿＿＿＿＿＿＿＿＿＿＿＿

Bさん ＿＿＿＿＿＿＿＿＿＿＿＿＿＿＿＿

恋人同士《こいびとどうし》がおたがいのほかの人間関係《にんげんかんけい》を尊重《そんちょう》することで、ふたりの関係《かんけい》はよりすてきなものになります。

アドバイス

思春期の子どもたちのあいだでは、「○○さんと、△△君はつきあっているんだって」という情報が飛び交います。

友人関係がさまざまにひろがり変化していく思春期は、発達に遅れがある／なしにかかわらず、友だちとの関係をどう考えたらよいのか、悩んでしまうものです。とくに好きな人ができたばあい、どうつきあったらいいのかを深刻に悩んでしまうことがあります。

疑似体験ができるロールプレイは、さまざまな角度から自分の感情や思いを見つめるのに役立ちます。役を交替すると、他者のきもちを考えるきっかけになり、ロールプレイに参加したほかの友だちが、なにを感じているかを知ることで、自分の考えとは異なる考え方があることを理解するきっかけにもなります。

メールのやりとりも、実際の画面を読みながら、みんなで内容を確認しあうと、人それぞれの読みとり方や感じ方にちがいがあることがわかります。「人のきもち」や「人と人との関係」は、ただしいものとまちがっているものだけがあるのではないことに気づきます。

34 失恋はかなしいけれど……

めやす 10～12歳

だれでも失恋すれば、感情のコントロールがきかず、泣いてばかりで、食欲もなくなり、すべてのことがガラガラと崩れ落ちるようなきもちになったりもします。

だれかにふられ、全人格を否定されたように落ち込む子どももいますが、「その人にふられた」ということであって、人格が否定されたわけではありません。

失恋直後には、励ましの言葉にも耳をかせないかもしれませんが、自己肯定感を取り戻すには、まるごと受け入れてくれる家族や友だちの存在がたいせつです。

1 すべてが、おわり？

一度《いちど》両想《りょうおも》いになっておつきあいをしたものの、「すきじゃなくなった」「ほかにすきな人《ひと》ができた」と言《い》われたときは、じぶんのすべてが否定《ひてい》されたと感《かん》じて、とても落《お》ち込《こ》みます。なにもかもがいやになり、生《い》きている意味《いみ》がないと思《おも》ってしまうかもしれません。

2 あきらめがかんじん

どちらかがおつきあいをやめたいと思《おも》ったら、どちらかがまだ大《だい》すきでも、おつきあいはおわりです。「イヤだ」「なんとかよりをもどしたい」と思《おも》ってしまいますが、しつこくおいかけていい結果《けっか》になることはありません。「あきらめるちから」をつけることもたいせつです。

きちんとあきらめるには、とにかく、とことん落《お》ち込《こ》むことです。落《お》ちるところまで落《お》ちたら、あとははいあがるだけです。そうやって、みんな生《い》きていくのです。
また、そうして積《つ》みあげなおしたあなたは、きっと失恋《しつれん》の前《まえ》よりすてきになっていることでしょう。

3 はげます？　よりそう？

友《とも》だちが失恋《しつれん》したときは、なんとかはげましてあげたいと思《おも》いますが、「どんなふうにことばをかけてあげればいいのだろう」「よけいにきずつけてしまうんじゃないか」という不安《ふあん》を感《かん》じるかもしれません。

うまくことばで言《い》えなくてもいいのです。かんじんなのは、「あなたのことがたいせつだから、はげましたい」というきもちを伝《つた》えることです。すきだった人《ひと》から否定《ひてい》され、つらい思《おも》いをしているときに「わたしを心配《しんぱい》してくれる人《ひと》がいる」と感《かん》じることは、心強《こころづよ》いことです。

4 おとなや友《とも》だちに話《はな》してみる

おなじ年《とし》ごろの人《ひと》や、おとなの人《ひと》に、きもちを聞《き》いてもらったり、失恋《しつれん》した経験《けいけん》を聞《き》いてみましょう。すこし落《お》ちついてきたら、「どこがすきだったっけ？　いやなところもあったな」などと、ふりかえってみましょう。失恋《しつれん》はつらいことですが、恋人《こいびと》という存在《そんざい》を失《うしな》ったことがさみしいだけかもしれません。

アドバイス

失恋はつらいできごとですが、「ぜったいに失恋しない人生が選べたら選ぶのか」と問われたら、大半の人は「失恋も1回くらい経験しておいたほうがいい」と答えるのではないでしょうか？　世の中には、山ほど失恋の歌があります。失恋を体験してはじめて、「あの歌詞はこういう意味だったのか ?!」と気がつくこともあります。経験してみないとわからない感情だからです。

つらい失恋をしたからこそ、情緒深さや、人間味がでてきて、人にやさしくなれるということもあるでしょう。

たいせつなのは、「その人とは、たまたま、あわなかった」ときもちが整理され、「自分が否定されたわけではない」ということを本人が実感することです。

周囲にいるおとなは自分の経験談なども話して、「私たちはあなたを大切に思っているよ」ということを、言葉や態度でしっかり伝えていきます。照れくさかったらメールや手紙でも大丈夫。とにかく、「あなたが大切だ」とメッセージを送りましょう。

35 きもちをたしかめあう

めやす 13～15歳

好きな人とのおつきあいを楽しむためにたいせつなことは、きもちの確かめあいです。親密な関係になるほど、「相手は自分の思いどおりにしてくれる」という思い込みやかんちがいができます。そのことによって、おたがいに傷つくケースが少なくありません。

とくに性的なふれあいについて、おたがいがどこまでなら認めあうことができるのかを確かめあうことが必要です。

ドラマなどでは、突然キスすることや、女性がいやがりながらも性交に応じることがすてきな恋愛モデルのように描かれがちですが、それはフィクションであり、現実とは異なるということを教える必要があります。

1 きもちをことばでたしかめあう

おたがいのこころのなかは見《み》えません。デートでどんなことをするか、おたがいのきもちをことばにして、たしかめあって、ふたりできめることがたいせつです。

2 いやなときは「イヤ」 ほんとうにしたいときだけ「いいよ」

キスやセックスなどは、じぶんの特別《とくべつ》にたいせつなところにふれられます。いやなことはいやだとはっきりとことばにします。ほんとうにしたいと思《おも》ったときだけ「いいよ！」と言《い》います。

3 じぶんのきもちがわからないときは？

とつぜんさそわれると、じぶんのきもちがすぐにはわからないこともよくあることです。じぶんのきもちがわからないときは、「いまはわからないので、また今度《こんど》、話《はな》そう」と言《い》うのがいいでしょう。

4 「イヤ」というひとにはぜったいにしない

じぶんのきもちを相手《あいて》に話《はな》し、相手《あいて》が「イヤだ」と言《い》ったときは、あきらめます。むりやりしたり、こわがらせたり、お金《かね》をあげたり、うそをついたりすることは、ぜったいにしてはいけません。

相手《あいて》がほんとうにふれてもいいというきもちをもっているときだけ、相手《あいて》のからだにふれることができます。

アドバイス

相手のきもちを、雰囲気や表情だけで判断し、性的な行為をおこなおうとすると、トラブルになることが少なくありません。デートDV（84ページ参照）や、もっと深刻な犯罪になることもあります。

性的な意思を言葉であらわすということを「はしたない」という考えもありますが、相手のきもちを雰囲気や表情だけで読みとるのは、つねに思い込みや、かんちがいがつきまといます。

セクシャルネゴシエーションという言葉があります。直訳すると「性交渉」になりますが、「性に関する話し合い」という意味です。セクシャルネゴシエーションの習慣が定着していれば、言葉による意思疎通が可能な人たちは、多くのトラブルを回避できます。

セクシャルネゴシエーションするちからを身につけるには、具体的な場面を想定したロールプレイが効果的です。

きもちを言葉にすることが難しいカップルには、それぞれのきもちを具体的な言葉にする支援が必要なばあいがあります。

36 ネットでのきけんな出会い

めやす 13～15歳

　多くの子どもたちが、パソコンや携帯電話からさまざまなウェブサイトにアクセスしています。出会い系サイトで知りあった相手と、親密な関係になることも、めずらしいことではありません。

　出会い系サイトは、自己紹介文や写真などを見て相手を選び、メールやチャットなどで交流する機会を得られますが、自己紹介文や掲載されている写真は別の人がなりすましていることもあります。

　ネットの世界にはあやしい情報や、人を陥れるような情報が横行しています。誘導されるままにアクセスして詐欺の被害者になったり、知らないうちに加害者になる可能性もあります。

1 知《し》らない人《ひと》からのメール

とつぜん、知《し》らない人《ひと》からデートやセックスにさそうメールが送《おく》られてくることがあります。ほとんどが、お金目当《かねめあ》ての詐欺《さぎ》メールです。
右《みぎ》の図《ず》のような内容《ないよう》のメールが届《とど》いたら、決《けっ》して返《へん》信《しん》するなどはせずに、すぐに削除《さくじょ》しましょう。
万《まん》が一返信《いちへんしん》してしまった場合《ばあい》は、多額《たがく》のお金《かね》を請《せい》求《きゅう》されたり、個人情報《こじんじょうほう》がもれたりする恐《おそ》れがあるので、必《かなら》ずおとなに相談《そうだん》します。

2 ほかの人のふりができるSNS

フェイスブックやツイッター、ミクシーやLINEなどのSNS（ソーシャル・ネットワーキング・サービス）を通《とお》して、友《とも》だちになったら、男性《だんせい》が女性《じょせい》になりすましていたり、うその自己紹介文《じこしょうかいぶん》での登録《とうろく》をしている人《ひと》だったりすることがあります。

3 あやしいサイトには近寄《ちかよ》らない

「無料《むりょう》でポルノ写真《しゃしん》や動画《どうが》をみられます」
「セックスできるあいてと出会《であ》える」などとかいてあるサイトがあります。
こうしたサイトにアクセスしたり、メールを出《だ》すと、あとで、びっくりするほどの金額《きんがく》を請求《せいきゅう》されるケースがあります。アクセスしてはいけません。
まったく、そのようなサイトを使《つか》っていないのに、右《みぎ》の図《ず》のような文面《ぶんめん》で、料金《りょうきん》を支払《しはら》えというメールがくることがあります（架空請求《かくうせいきゅう》）。まちがってあやしいサイトを見てしまい、おかしなメールなどがとどいたら、すぐにおとなに相談《そうだん》します。

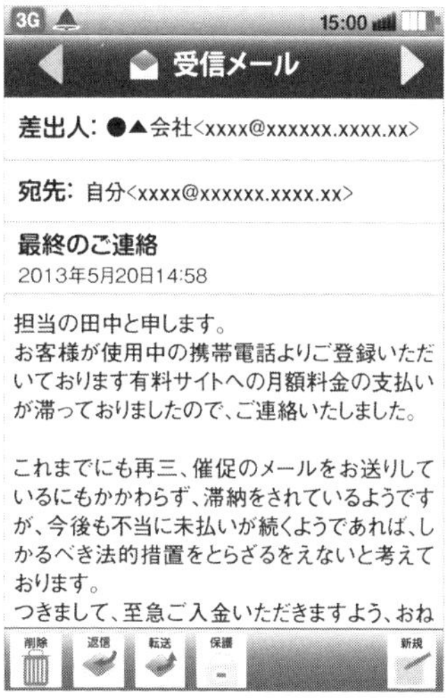

4 知《し》らないうちに性被害《せいひがい》にあうことがあります

ふたりだけのひみつと思《おも》って保存《ほぞん》しておいたあなたの写真《しゃしん》が、操作《そうさ》をまちがえたり、相手《あいて》がおもしろ半分《はんぶん》に友《とも》だちにメールして、それが世界中《せかいじゅう》に流《なが》れてしまうことがあります。一度流《いちどなが》れてしまうと、取《と》り消《け》すことはできません。
性的《せいてき》な画像《がぞう》を恋人《こいびと》や友《とも》だち同士《どうし》で交換《こうかん》することをセクスティングといいますが、性犯罪《せいはんざい》に巻《ま》きこまれる危険《きけん》なことです。

アドバイス

発達に遅れのある青年たちの中には、日常生活で異性の友だちに出会う機会が少ないと、インターネットを通じた「出会い」の場をチャンスととらえ、「出会い系サイト」にのめりこんでしまう人もいます。

また発達に遅れのある女性が知らない人から「お茶をのみにいこう」とナンパをされたり、「雑誌のモデルやアイドルになってみませんか？」などと声をかけられることがあります。ほとんどがポルノ撮影会のモデルや、アダルトビデオへの出演、風俗店へのスカウト、デート商法といわれる商品販売会場への誘いです。

自己肯定感の低い人ほど、相手の誘いに反応して、自分が必要とされているような錯覚をもってしまい、誘われるままにあとについていってしまうことがあります。セックスを迫られたり、大金を費やしてしまう詐欺に巻きこまれる危険があります。

ロールプレイなどでさまざまな具体的なケースを体験し、危険に近寄らない、危険から身を守る方法、そして万が一のときはすぐに信頼できるおとなに言うことを伝えます。

37 デートDVってなに？

めやす 16〜18歳

Dはドメスティック＝身内の、Vはバイオレンス＝暴力の意味です。せまい意味では家庭内の夫婦間の暴力を指しますが、恋人などのあいだで起こる暴力行為も指します。とくに恋人のあいだのDVを「デートDV」とよびます。

暴力には、身体的、精神的、性的、経済的、社会的なものなど、さまざまな形態が存在します。単独で起きることもありますが、何種類かの暴力が重なることもあります。

相手に好意をもっているため、暴力を暴力と認めたくなかったり、被害を自覚していないことも少なくありません。恋人と対等の関係にあるか、自分の言いたいことがおたがいに言い合えるか、見つめなおすことが必要です。

1 DVチェックリスト（あいてからされていること）

暴力《ぼうりょく》というのは、「なぐる」などの身体的《しんたいてき》なものだけではありません。どんなかたちであれ、なにか「こわい」と感《かん》じることがあれば、それは「DV」です。恋人《こいびと》にこういったことをされていないか、またじぶんもしていないかを、ふりかえってみます。
こころあたりのことがあれば、しんらいできるおとなか、男女共同参画《だんじょきょうどうさんかく》センター、配偶者暴力相談支《はいぐうしゃぼうりょくそうだんし》援《えん》センターなどに相談《そうだん》します。連絡先《れんらくさき》がわからないときは、自動音声《じどうおんせい》で案内《あんない》してくれる「DV相談《そうだん》ナビ」（0570-0-55210）があります。

- □ いつもいっしょにいることを強要《きょうよう》する
- □ 異性《いせい》（または同性《どうせい》）の友人《ゆうじん》と話《はな》すことをゆるさない
- □ 何回《なんかい》も電話《でんわ》やメールがきて、すぐに出《で》ないとおこる
- □ どこでなにをしているか、すべての行動《こうどう》を知《し》りたがる
- □ メールや携帯電話《けいたいでんわ》のりれきをチェックする
- □ 服《ふく》やヘアスタイルなど、じぶんの好《この》みをおしつける
- □ おこったときにものにあたるなど、「こわい」と感《かん》じるような態度《たいど》をする
- □ お金《かね》を貸《か》しても、返《かえ》してくれない
- □ コンドームをつかわずにセックスをする
- □ わかれ話《ばなし》になると「自殺《じさつ》する！」などとおどす

2 彼女以外《かのじょいがい》のおんなの子《こ》となかよくしてはダメ!?

彼女《かのじょ》は、彼氏《かれし》がじぶん以外《いがい》のおんなの子《こ》とメールしているのを発見《はっけん》し、激怒《げきど》しました。そのあと、彼女《かのじょ》は謝《あやま》り、彼氏《かれし》はじぶんが悪《わる》かったんだと反省《はんせい》しました。

暴力《ぼうりょく》を愛情《あいじょう》のあらわれとか、愛《あい》されている証拠《しょうこ》とかんちがいしてしまうこともあります。たいせつなことは、その関係《かんけい》が対等《たいとう》がどうかを見極《みきわ》めることです。

女性《じょせい》の友人《ゆうじん》に
メール!
なんで私以外《わたしいがい》の女《おんな》に
メールなんて!!!
オレが女性《じょせい》にメールしたから
おこらせてしまったんだな…
オレが悪いんかな…

3 彼氏《かれし》の予定《よてい》を優先《ゆうせん》するのがあたりまえ!?

彼氏《かれし》は、ふだんはやさしくて、友《とも》だちのあいだでも評判《ひょうばん》がいい人《ひと》ですが、ふたりでいるときに思《おも》い通《どお》りにならないことがあると、とても不機嫌《ふきげん》になり、相手《あいて》をきずつけることばを言《い》ったり、ときにはものを投《な》げたりもします。
しかしその後《ご》、「ごめん、おれが悪《わる》かったよ」といつものやさしい彼氏《かれし》に変身《へんしん》します。
そのために「私《わたし》が悪《わる》かったんだな」と彼女《かのじょ》も思《おも》ってしまいます。

明日《あした》どこかへ出《で》かけないか？
ごめん！友《とも》だちと買《か》い物《もの》にいく約束《やくそく》したんだ
1
おまえ！かってに予定《よてい》を決《き》めたのか？ことわれよ！
ごめんなさい……でももう約束《やくそく》してしまったし……
だからことわれって！彼女《かのじょ》なら彼氏《かれし》を優先《ゆうせん》するのあたりまえだろ！
2
3
彼氏《かれし》に予定《よてい》を入《い》れる相談《そうだん》をしなかったわたしが悪《わる》いよね。
こわいからおこらせないように注意《ちゅうい》しよう。
ふだんはやさしくて友《とも》だちの間《あいだ》でも評判《ひょうばん》がいいんだもの
4
ふつう彼女《かのじょ》ならどんなときもおれの予定《よてい》を優先《ゆうせん》するのがあたりまえだ！
なんでおれの言《い》うことをきかないんだ！

4 対等《たいとう》なおつきあい

ふたりがおたがいに、じぶんのきもちを伝《つた》えあい、おしつけあっていません。おたがいのきもちをかんがえたり、受《う》け入《い》れることができることが、対等《たいとう》な関係《かんけい》です。

明日《あした》どこかへ出《で》かけないか？
ごめん！友《とも》だちと買《か》い物《もの》にいく約束《やくそく》したんだ
あー、残念《ざんねん》。じゃあつぎの日曜《にちよう》はあいてる？
うん！それなら私《わたし》も予定《よてい》はいってないし、おいしいものでも食《た》べにいこ！
わかった。ありがとう。楽《たの》しみにしているよ。
明日《あした》は楽《たの》しんでおいでね！
うん！

アドバイス

「愛していれば尽くすことが当然」「身をささげるべき」だということが、メディアなどでは当然のように流されています。

発達に遅れがある子どもの中には、どんなに相手が暴力的でも「愛されている」「必要とされている」と受けとってしまい、相手との関係をなくしたくないきもちから、相手の暴力行為をみとめない、認めたくないケースがあります。

しかし、少しでも相手の行動や態度に恐怖を感じたことがあれば、それは「デートDV」です。ひとりで抱え込みがちなこの問題を、身近な支援者に相談できるちからをつけさせることがたいせつです。

もし子どもから、DVの相談を受けたばあいは、「それは問題だ」「別れないあなたが悪い」という、あたかも被害者に問題があるかのような言い方は厳禁です。「あなたは被害者」「あなたは悪くない」と受けとめることが重要です。支援者が自分だけで対処できないときは、専門の相談施設のアドバイスを受けながら、ケース会議などをおこないます。

38 結婚するってどういうこと？

めやす 16～18歳

日本の法律では「男は、十八歳に、女は、十六歳にならなければ、婚姻をすることができない」とされています。また、未成年のばあい、父母（養父母）の同意が必要になります。

おつきあいを続けた男女が、「この人と一生共に過ごしたい」「ずっと支えあいながら生きていきたい」というきもちをおたがいに確認できるだけでなく、洗濯、掃除、調理などの家事を分担し、おたがいよいことも悪いことも共有しながら支えあって生活していけるのかを判断しなければなりません。

もしかしたら途中でいやになるかもしれません。結婚を考えている２人には、結婚の前に「同棲」のかたちで「おためし」をする方法もあります。

1 結婚《けっこん》する

結婚《けっこん》のかたちはさまざまです。ふたりでよく相談《そうだん》します。家族《かぞく》やしんらいできる人《ひと》ともじっくり話《はな》し合《あ》ってきめます。

❶住《す》むところをさがし、家具《かぐ》などを買う

家賃《やちん》は別《べつ》にして、食器《しょっき》や家電製品《かでんせいひん》、家具《かぐ》などをそろえるのにも30万《まん》～40万円《まんえん》かかります。

❷婚姻届《こんいんとどけ》を役所《やくしょ》へ提出《ていしゅつ》する

用紙《ようし》は役所《やくしょ》にあります。ふたりの名《な》前《まえ》などを書《か》き、ハンコをおして戸籍《こせき》係《かかり》に出《だ》します。

❸結婚式《けっこんしき》をあげる

人《ひと》を招《まね》いて、結婚《けっこん》をお祝《いわ》いします。結婚式《けっこんしき》をあげない人《ひと》もいます。

❹新婚旅行《しんこんりょこう》にいく

いき先《さき》はふたりできめます。新婚旅《しんこんりょ》行《こう》にはいかない人《ひと》もいます。

❺いっしょにくらし、子育《こそだ》てをする

子《こ》どもを産《う》まずにふたりで生活《せいかつ》する人《ひと》もいます。そのばあいは、避妊《ひにん》をする必要《ひつよう》があります。

2 結婚《けっこん》するまでの準備《じゅんび》——おためし同棲生活《どうせいせいかつ》

結婚《けっこん》したいとおたがいに思《おも》える相手《あいて》ができたばあい、たとえば1カ月間《げつかん》、アパート（マンスリーマンションなど）を借《か》りてふたりで生活《せいかつ》してみる方法《ほうほう》があります。どういう家庭《かてい》にしていきたいか、子《こ》どもをもつかもたないかなど、ゆっくり話《はな》しあい、きもちを確認《かくにん》しあいます。その1カ月《げつ》に起《お》きた問題点《もんだいてん》などをふりかえり、あらためてふたりで生活《せいかつ》していきたいと思《おも》えたのなら、結婚《けっこん》に向《む》けて準備《じゅんび》をしていきます。

3 さまざまな結婚《けっこん》

じぶんの人生《じんせい》をどんなふうにすごしていくか、考《かんが》え方《かた》は人《ひと》それぞれです。

●**事実婚《じじつこん》**……婚姻届《こんいんとどけ》を出《だ》していないが、夫婦《ふうふ》としての認識《にんしき》があり、事実上《じじつじょう》の夫婦関係《ふうふかんけい》があること。内《ない》縁関係《えんかんけい》ともいう

●**同性婚《どうせいこん》**……同性《どうせい》どうしの結婚《けっこん》。日本《にほん》では事実婚《じじつこん》のかたちになる

●**非婚《ひこん》（避婚《ひこん》）**……ひとりで生《い》きていくことをえらび、結婚《けっこん》しない

4 離婚《りごん》

夫婦《ふうふ》でたくさん話《はな》しあって、夫婦《ふうふ》としてこれ以上《いじょう》いっしょに生活《せいかつ》を続《つづ》けていくことができないという結論《けつろん》になったばあいは、離婚《りこん》することができます。離婚《りこん》という結論《けつろん》にいたるまで、とてもつらい思《おも》いをするかもしれません。ふだんから相談《そうだん》できる人《ひと》に話《はなし》を聞《き》いてもらうなど、いろんな人《ひと》の支《ささ》えが必要《ひつよう》になります。

5 婚姻届《こんいんとどけ》と離婚届《りこんとどけ》の見本《みほん》

◆婚姻届《こんいんとどけ》

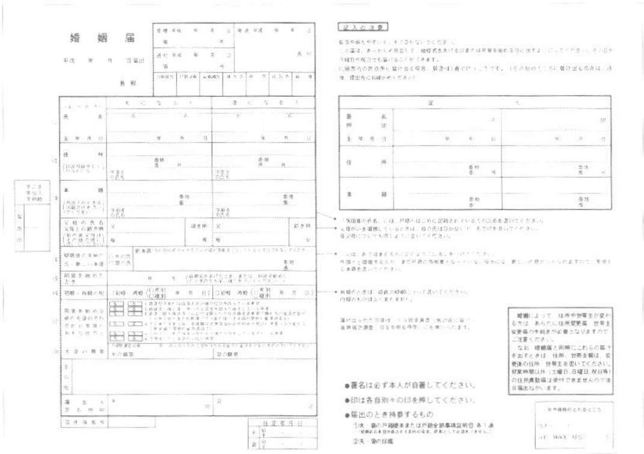
婚姻届

●署名は必ず本人が自署してください。
●印は各自別々の印を押してください。
●届出のとき持参するもの

◆離婚届《りこんとどけ》

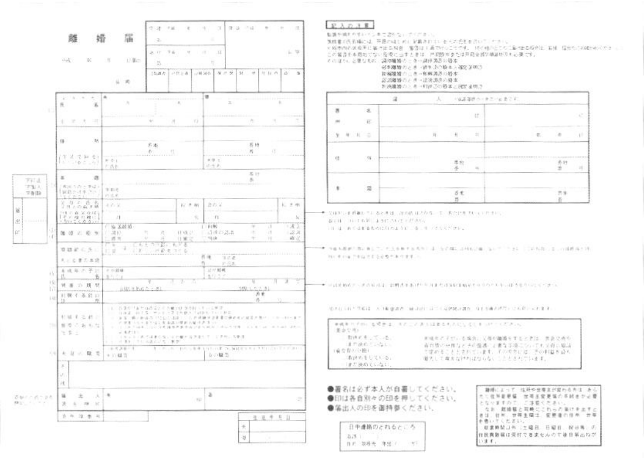
離婚届

●署名は必ず本人が自署してください。
●印は各自別々の印を押してください。
●届出人の印を御持参ください。

日中連絡のとれるところ

アドバイス

本人や相手に発達に遅れがあることを理由に、周囲が結婚に反対するケースは少なくありません。親や親戚の立場からは、本当にふたりだけで生活していけるのか、子どもを産み育てることができるのか、当然のこととして心配します。

一方、「障害者権利条約」（23条）には「障害のある人が、他の者と平等に、結婚して家族を築く権利」や「生殖や家族計画に関する教育を受けることができる」ことなどが保障されています。

もし、おたがいに家事が苦手であればヘルパーを利用する、お金の管理が困難であれば、金銭管理のサービスを利用するなど、さまざまな制度や社会資源が利用できます。２人きりの生活では不安があるばあい、グループホームで暮らすという方法もあります。

サポートをする側は、夫婦となった（夫婦になろうとする）２人が、必要な社会的なサービスを受けられるように手助けし、２人が望むような生活を実現できるように環境を整えます。

39 たいせつなわたし

めやす 3〜5歳

自己肯定感は、だれかにたいせつにされているという実感を積み重ねることで身につくといわれています。

自己肯定感の基盤は、心地よいという感覚です。人は胎児のときから母親の羊水の中で、全身で心地よさを味わってきました。生まれてからもこの心地よさを追い求め続けます。心地よさが不足するといらだったり、攻撃的になったりします。

言葉で「大好きよ」と伝えるより、肌のふれあいを通して実感できる関わりの方が子どものこころには響くものです。心地よい感覚をじゅうぶん味わうことで、からだのバランスを整え、安定した人格形成ができます。

1 せかいにたったひとりのたいせつなわたし

すべてのひとが、せかいにたったひとりしかいない、たいせつなそんざいです。
「じぶんのことがたいせつ」「じぶんのことがだいすき」とおもえることを、自《じ》己《こ》肯定感《こうていかん》といいます。

2 はだのあたたかさ

はだとはだとのふれあいで、たいせつにされている、あいされているとかんじると、あんしんできます。

●ほいくえんで……

●おうちで……

3 こころのふれあい

「あなたのことをいつもだいじにおもっている」というきもちを、ことばやたいどであらわします。

●あそんでいるとき……

●おうちで……

●ほいくえんで……

ありがとう
たすかるわー

4 自己肯定をはばむようなかかわり

●ダメ！（禁止、否定の言葉）

ダメでしょ!

「ダメ」といわれた子どもは、自分を否定されたきもちになります。「ダメ」ではなく、「着替えるときにはこの場所がいいよ」と具体的にはなします。

●比べて評価する言葉

お兄ちゃんなのに…
100
10

だれかと比べられてしまうと、「自分はダメなんだ」というきもちが強くなります。

●命令する口調

○○○しなさい!
ぼくはいま
●●したいのに…

一方的で、命令するような言い方では、子どもは自分の気持ちをわかってくれないと思い、なかなかやる気になりません。

アドバイス

幼児期から、おとなとの心地よい肌とこころのふれあいを積み重ねることで、なにがあっても支えてくれるおとなの存在を信じます。

おとなはついつい「○○○したらダメでしょう！」と禁止の言葉が口から出てしまいがちです。しかし、「ダメ」と言うまえに、どう考えているのか、どんな思いで行動したのかを子どもに質問します。そうすれば「そうだったの」「大変だったね」「この次がんばってね」などの言葉が出てきます。

また、小学校にあがるまでは、少なくとも1日1回は子どもをギューと抱きしめ、「愛されている自分」「たいせつな私」を実感させ、自己肯定感を育てます。時間があるときには、やさしい言葉がけをしながらハンドマッサージをするのも効果的です。

信頼できる相手の存在は、安心して新しいことに挑戦したり、つらいことを乗り越えたりするちからになっていきます。

そして、自分がたいせつと思う感情は、ほかの人もたいせつな存在として尊重し、愛することができる感情につながっていきます。

40 みんなおなじ、たいせつないのち

めやす 3〜5歳

子どもたちは、いろいろな活動をとおして、うれしい、楽しい、くやしい、つらいなど、さまざまな感情を抱きます。そのこと自体が生きている証しなのですが、それを「たいせつないのち」であるとは、理解しにくいものです。

「いのち」は、目に見えるものではないため、抽象的で、想像しにくいテーマと考えがちですが、子どもたちが出会うすべてのものが教材になります。

家族や友だちなどに支えられ生活していること、水も空気も食べものも自然の恵みであることを教えます。「生きているってすばらしい」「みんなといっしょはもっと楽しい」と実感できる体験を積み重ねましょう。

1 しぜんといっしょにいきている

しぜんとのふれあいはたのしく、ここちよいものです。しぜんのなかで、ともだちやかぞくといっしょに、五感《こかん》（みる、きく、においをかぐ、ふれる、あじわう）をたのしんでください。

2 いきているからだをかんじよう

しんぞうのおとをきいてみたり、おたがいのあたたかさをかんじたりすると、ひとりひとりがいきていることを、みみで、はだで、こころでかんじることができます。

3 じょうぶなからだをつくる

じぶんがたべているものをよくみてみましょう。ざいりょうはいのちあるどうぶつやしょくぶつです。わたしたちのいきるエネルギーは、どうぶつやしょくぶつのいのちなのです。「ありがとう」のきもちでしょくじをします。

4 死《し》ぬってどういうこと？

いのちには、かぎりがあります。死《し》をむかえたら、2度《ど》といきかえりません。

◆としをとってむかえる死《し》

◆びょうきでむかえる死《し》

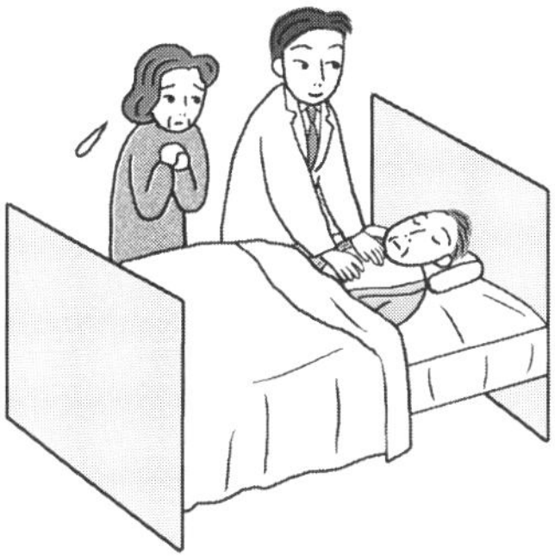

◆とつぜんのアクシデントでむかえる死《し》

アドバイス

いのちはかけがえのないものであることを、子どもたちのこころに刻みこまれるように教えるのは意外と難しいものです。

生ある者はかならず死を迎えますが、子どもたちは人間の死を間近に知る機会があまりありません。テレビやゲームの影響で死んでも簡単に生き返ると思っている子どももいます。

いのちの尊さを伝える題材は、弟や妹の誕生、近所の妊婦の方、家族・親戚の病気など身近な人間の営みがあります。また散歩のときに出会う小さないきものや植物が芽を出し、花を咲かせる自然の営みも、幼児期の子どもたちが理解できる題材だと思います。

また、この時期の子どもたちにもわかりやすい絵本がたくさんあります。子どもたちの心理状態を考えながら、楽しく読み聞かせをしてあげてください。そして、その後の子どもたちとの会話もたいせつにしたいものです。

まわりの人たちと、生きていることの喜びや死の悲しみを共有することで、みんなのいのちが等しくたいせつなものであり、他者を思いやり、尊重するきもちにつながっていきます。

41 さまざまなかぞく

めやす 6～9歳

家族には、さまざまな形態があります。家族と離れて児童養護施設などで生活をしている子どもたちもいます。

友だちの家に遊びに行った子どもが、帰宅するなり、「どうして、わたしには（○○ちゃんの家には）パパがいないの？」などと、自分と友だちの家族のちがいに気づき、質問をしてくることがあります。

そんなときに、両親がいるのが普通で、そうでないのはおかしいというイメージを子どもに与えるような言い方は慎みましょう。どんな家族に育っていても、子どもは等しくたいせつな存在であり、いろんな家族のかたちがあるということを伝えてあげてください。

1 さまざまなかぞく

おじいちゃんやおばあちゃんがいっしょにくらしていたり、いなかったりします。おとうさんやおかあさんがいっしょにくらしていたり、いなかったりもします。きょうだいがいたり、いなかったりもします。じぶんのいえからはなれて、ほかの子《こ》どもたちといっしょにくらしている人《ひと》もいます。どんなかぞくがよくて、どんなかぞくがよくないかなんてことはけっしてありません。

2 ぎゃくたい

かぞくなどのみぢかなひとから、なぐる・けるなどのぼうりょくをうけたり、むりやりからだをさわられたり、こころがふかくきずつくようなことばをいわれつづけたり、めんどうをみてくれなかったりすることを「ぎゃくたい」といいます。もし、じぶんが、このようなことをされていたら、すぐにしんらいできるおとなにそうだんしましょう。

このような状況の子どもを発見したおとなは、速やかに児童相談所全国共通ダイヤル（0570-064-000）に通報しましょう。

3 きょうだいの支援

子どもを支援する立場にある人たちは、発達に遅れのある子どものきょうだいにも接することがあるかもしれません。発達に遅れのある子どものきょうだいには、きょうだいなりの悩みや苦しみや葛藤を抱えていることも少なくありません。

アドバイス

いまだに「理想的家族像」の考えは根強く、両親が揃っていることに特別な価値があるかのような風潮も残っています。しかし、どんな家族と暮らしていても、施設で生活していても、子ども自身や、その家族の価値は平等です。そのことををすべての子どもに伝え、おとなもその意識をしっかりともつことが重要です。

また、発達の遅れにより育児が困難となり、虐待に至ってしまうケースがあります。虐待を受けた子どもが、発達障害の子どもと似た症状を示すばあいがあることも知られています。ただし、虐待が発達障害の原因ではありません。親はしつけの延長と思っていても、子どもの立場から見て虐待が疑われる際は、早急に児童相談所と連携した対応が必要です。

3では、きょうだいとの関係について解説しましたが、反対に発達に遅れのある子どものきょうだいが、過度の期待を掛けられたり、いじめの対象とされるなどの悩みや苦しみ、葛藤を抱えていることも少なくありません。きょうだいに必要以上の負担がかからないように、きちんと目を配るようにしたいものです。

42 いやなことをされたら「イヤ」という

めやす 6～9歳

「性被害」と表現すると、ちかんやレイプなどのあきらかな犯罪行為を想像するかもしれませんが、プライベートゾーンはもちろん、それ以外の場所でも自分の意図に反してからだにふれられたのなら、それは「性犯罪」です。

いやがっているのに性器を見せる、ひわいな写真や映像を見せたり撮ったりすることも「性犯罪」です。これらは自分より弱いと思う相手に、人目がないところでおこなわれることが多いので、発見が遅れがちです。

本人が望まない行為に対しては、相手がだれであろうと「イヤ」と意思表示、大声をあげて助けをよび、その場から逃げる、信頼できるおとなに報告するように話します。

1 あなたのからだは、あなたのもの

すきではないあいてや、知《し》らないひとにからだにふれられたり、じろじろとみられたりすると、いやなきもち、はずかしいきもち、かなしいきもちになるでしょう。

きがえやトイレ、おふろばでは、カーテンやドアをきちんとしめたり、カギがあれば、カギをします。

大《おお》きなこえでたすけを求《もと》め、そのばからはなれます。こうばん、コンビニやスーパーなどにかけこんで、たすけをもとめるのもよいでしょう。

むりやりエッチなしゃしんをみせることも、性犯罪《せいはんざい》です。はっきりと「イヤ」といいます。

しっているひとでも、いやなかんじがしたら、はっきりと「イヤ」といいます。やめてくれなかったら、大《おお》きなこえで「イヤ」といい、そのばをはなれ、しんらいするひとにはなします。

2 性《せい》被《ひ》害《がい》にあったかな、とかんじたら……

◆「イヤ」とつたえる

・あいてに「イヤ」「やめて」と大《おお》きなこえでいう

◆たすけをもとめる

・大《おお》きなこえでたすけをよぶ
・防犯《ぼうはん》ブザーをならす（おどろいてこえがでなくても、まわりのひとにたすけをもとめることができます）

◆にげる

・そのばからはなれる
・こうばん、コンビニやスーパーなどにかけこんで、たすけをもとめる

・防犯《ぼうはん》ブザー
ひっぱったり、ボタンをおしたりすると大《おお》きなおとがなる

◆「子ども 110 番《ばん》のいえ」ににげこむ

「子ども 110 番《ばん》」のめじるしを入《い》り口《ぐち》にはっているいえやおみせには、こまったことがあったら、だれでもいつでもたすけをもとめてたずねることができます。

こどもをまもろう
110番

東京《とうきょう》・世田谷《せたがや》区《く》内《ない》のおべんとうやさんにはられたもの

こども
110番の家

東京《とうきょう》・渋谷《しぶや》区《く》内《ない》のおもちゃやさんにはられたもの

＊ちいきによってステッカーやマークはちがいます

◆そうだんする

・しんらいできるおとなにそうだんする
・チャイルドラインは、なまえをしられずにそうだんできます。みぢかなひとにそうだんしにくいばあいは、でんわしてみましょう。

> 電《でん》話《わ》　0120（99）7777
> （月《げつ》〜土《ど》の 16：00 〜 21：00）
> ホームページ　http://www.childline.or.jp/supporter/index.html

アドバイス

　性被害の具体的な防衛策を教えることは重要です。しかし、性被害にあっても、本人が羞恥心や嫌悪感をもたないために、その行為を受け入れ、「イヤ」と拒否しないことがあります。そのために被害が表面化せず、くりかえされ、深刻化していくケースがあります。

　性被害を防ぐために、自分のからだに対する意識や他者とのスキンシップについて、生活の中で意識づけをしていくことも重要です。

　一般的にその意識は、子どもの年齢があがるにつれ、周囲の対応がかわることで身についていきますが、からだは成長しているのに、立ち居振る舞いが幼いばあい、ついついおとな側も小さなときの慣習のまま行動をしてしまいがちです。

　一定の年齢に達したら、日常生活の中でだれかれ構わず身体的なスキンシップをおこなうのは避けます。異性が入浴やトイレ介助を続けていたら、プライベートゾーンに対する羞恥心や、望まないスキンシップの嫌悪感がおこりにくくなります。サポートをする側の意識を切りかえなければなりません。

43 いろいろな「すき」

めやす 10～12歳

子どもたちの多くは、「男の子が好きになる人は？」と聞かれれば「女の子！」「女の子が好きになる人は？」と聞かれれば「男の子！」と答えます。

でも、恋愛感情による「好き」というきもちは、多様です。同性愛や両性愛の人や、異性や同性にも関心をもたない人がいます。

子どもたちからは「そんなのおかしいよ」「キモ～イ」という声があがるかもしれません。しかし、さまざまな「好き」の感情を偏見なく受け入れることができるようになると、子どもたちに自分に対する理解や「自分は自分であってよい」という自己肯定感が育まれます。

1 いろいろな「すき」のきもち

●異性愛《いせいあい》

異性《いせい》（じぶんとちがった性《せい》の人《ひと》）がすきである、ということです。「ヘテロセクシャル」ともいいます。みんなが異性愛《いせいあい》というわけではありません。

●同性愛《どうせいあい》

同性《どうせい》の人《ひと》をすきになることを、同性愛《どうせいあい》といいます。「ホモセクシャル」ともいい、男性《だんせい》をすきになる男《だん》性《せい》は「ゲイ」、女性《じょせい》のことをすきになる女性《じょせい》は「レズビアン」といいます。

●両性愛《りょうせいあい》

相手《あいて》の性別《せいべつ》にかかわらず人《ひと》をすきになることを、両《りょう》性愛《せいあい》といいます。「バイセクシャル」ともいいます。

2 性的《せいてき》に「すき」なきもちにならない

男女《だんじょ》どちらに対《たい》しても「すき」というきもちにならなかったり、関心《かんしん》のない人《ひと》がいます。そういう人を「A（ア）セクシャル」といいます。

3 ぜったいにしてはいけないこと

同性愛《どうせいあい》や両性愛《りょうせいあい》の人《ひと》をからかったり、いじめたりすることは、ぜったいにゆるされるものではありません。「ホモ」「おかま」ということばは差別語《さべつご》です。

いろいろな人《ひと》がいて、いろいろな「すき」のきもちがあることを、社会《しゃかい》のなかでみとめあっていくことがたいせつです。

アドバイス

男の子がふたりで楽しく寄り添いあっているだけで、「ホモ」などということばでからかい、いじめてしまうばあいがあります。そのために、自分の感情を押し殺している子どもがいます。

また、自分はなぜほかの子どもたちとおなじように異性が好きにならないのか、「同性が好きなんてぼくは異常者なの？」と、自分の恋愛感情が理解できずに悩んでいる子どもがいます。

同性愛を異常視して、刑罰の対象にした歴史は長く、現在もそうした国があり、私たちの中にもまだまだ偏見がありますが、好きな人を選ぶことは、基本的な人権の１つです。

ひとりひとりの「すき」を認め合い、自分らしい恋愛ができるよう、サポートをしていきます。

発達の遅れのある子どものばあい、発達するのにしたがって、自分の好きな人に気がつくことがあります。まだ十分に恋愛感情があらわれない前から、恋愛の対象を決めつけない配慮が必要です。

44 男らしさって？　女らしさって？

めやす 10～12歳

生まれながらの男性・女性の区別（生物学的な性）だけではなく、社会の中でつくられた「男らしさ」や「女らしさ」を「ジェンダー」（社会・文化的に形成された性）といいます。

性の役割分担以外に、男性は外でしごとをして、女性は家事をするという決まり、「男だから泣くな」「女の子だからおしとやかに」といった押しつけは、本来の人間のありかたではないでしょう。

社会の「男らしさ・女らしさ」のイメージを行動に基準にしていると、自由で個性豊かな自分や社会は実現できないでしょう。

1 おとこの子《こ》？　おんなの子《こ》？

着《き》るものやあそび、家《いえ》でのやくわりなどで、おとこの子《こ》とおんなの子《こ》を区別《くべつ》することはできません。

2 決《き》めつけられた「おとこの子《こ》」「おんなの子《こ》」

おとなのことばによって、「おとこの子《こ》」や「おんなの子《こ》」のイメージがつくられていきます。

おとこの子《こ》のくせに
いつまで泣《な》いてるの！

ちからもちだね。
さすがおとこの子《こ》！

さすがおねえちゃんね。
おとこの子《こ》とちがって
めんどうみがいいね！

おんなの子《こ》なのに
うちの子《こ》はぜんぜん
おてつだい
しないのよー

3 テレビや雑誌《ざっし》の男性《だんせい》・女性《じょせい》のイメージ

テレビや雑誌《ざっし》などは男性《だんせい》・女性《じょせい》のイメージを勝手《かって》に決《き》めつけることが多《おお》いです。でも、それにとらわれることはあなたの個性《こせい》を育《そだ》てることにはなりません。

4 じぶんらしさをだいじにしてください

すきなものは、じぶんで決《き》めていいのです。
決《き》めつけられた男《おとこ》らしさ、女《おんな》らしさを気《き》にせず、じぶんらしさをだいじにしてください。

アドバイス

性別によって役割を分担してしまう考え方は、いまも私たちの社会に根強く残っています。「男らしさ・女らしさ」のジェンダーバイアス（偏見）は、おとなの日常的な言動から子どもたちにすり込まれていきます。

学校の掲示物や服装の決まりにも、女の子には赤系の色、男の子には黒・青系の色がよく使われたりします。日常にあるささいなことから見直していきます。

ジェンダーの問題は、女性だけの問題ではありません。男の子は強くあるべきという男性像を強制されて、思春期以降、生きづらさを感じ、自信を失ったりするケースがあります。

「ひな祭りをしたり、鯉のぼりをあげたりすることも男女差別だ」という主張を聞くこともありますが、ジェンダーの考え方は、伝統文化や慣習を否定すること、男性・女性の性別を否定することではありません。身近なことから男女の平等について考え、「男らしさ」「女らしさ」にまどわされずに、「自分らしく」生きられる人間関係のありかたを伝えます。

45 あなたがきずつけられないために

めやす 13～15歳

発達に遅れのある人たちは、性犯罪の被害者になるリスクが高いといわれています。その要因として、「被害を被害と認識するちからが弱い」あるいは「被害を言葉にして表現するちからが弱い」といったことが想定されます。

いやなことをいやだと感じることのできるちからや、それを表現できるちからを幼いときから育んでおくことがなによりもたいせつです。

すこし認識のちからが高くなってきたら、どのようなことが犯罪であるかを学び、万が一のときにすぐに訴えることができるように、主要な性犯罪についての理解を深めておきます。

また、可能な限り被害を避けられるように普段から気をつけておいたほうがよいことについてもくりかえし伝えておきます。

1 性犯罪《せいはんざい》について

◆強姦《ごうかん》

暴行《ぼうこう》または脅迫《きょうはく》によって、女性《じょせい》にセックスをおこなう罪《つみ》。13歳未満《さいみまん》の女子《じょし》のばあいは本人《ほんにん》の同意《どうい》があっても成立《せいりつ》する。刑法第《けいほうだい》177条《じょう》が禁《きん》じ、3年以《ねんい》上《じょう》の有期懲役《ゆうきちょうえき》に処《しょ》せられる。

◆わいせつ物頒布等《ぶつはんぷとう》の罪《つみ》

ポルノなど、ひわいな文書《ぶんしょ》、図画《とが》その他《た》のものをひろく配《くば》ることや、販売《はんばい》・販売《はんばい》を目的《もくてき》として所持《しょじ》すること、陳列《ちんれつ》などをする罪《つみ》。刑法第《けいほうだい》175条《じょう》が禁《きん》じ、2年以下《ねんいか》の懲役《ちょうえき》または250万円以下《まんえんいか》の罰金《ばっきん》もしくは科料《かりょう》に処《しょ》せられる。

◆強制《きょうせい》わいせつ

13歳以上《さいいじょう》の男女《だんじょ》に対《たい》し、暴行《ぼうこう》または脅迫《きょうはく》によりむりやりわいせつな行為《こうい》（からだをさわったり、さわらせたりして、性的《せいてき》な興奮《こうふん》を得《え》る）をする罪《つみ》。13歳未満《さいみまん》の男女《だんじょ》に対《たい》して、そのようなことをしたばあいは、暴行《ぼうこう》・脅迫《きょうはく》が伴《とも》わなくとも（同意《どうい》があっても）この罪《つみ》は成立《せいりつ》する。刑法第《けいほうだい》176条《じょう》が禁《きん》じ、6カ月以上《げついじょう》10年以下《ねんいか》の懲役《ちょうえき》に処《しょ》せられる。

2 身《み》の回《まわ》りにある危険《きけん》、注意《ちゅうい》したいこと

◆写真《しゃしん》や動画《どうが》のとりあつかいに注意《ちゅうい》

デジカメや携帯電話《けいたいでんわ》で撮影《さつえい》した画像《がぞう》や動画《どうが》をインターネット上《じょう》に公開《こうかい》したりできますが、どんな人《ひと》でもアクセスできるため、危険《きけん》です。勝手《かって》にコピーされ、アダルトサイトに添付《てんぷ》されたり、のせた写真《しゃしん》から身元《みもと》を特定《とくてい》されストーカーの被害《ひがい》にあうこともあります。

110 ページもあわせて読《よ》んでみてください。

◆人通《ひとどお》りのすくない道《みち》はひとり歩《ある》きしない

昼《ひる》でも夜《よる》でも、人通《ひとどお》りのすくない道《みち》はひとりでは歩《ある》かないようにします。だれもいないように見《み》えても、とつぜんやってきた車《くるま》で連《つ》れさられてしまうかもしれません。

◆あまいさそいにはのらない

知《し》らないアドレスから「アイドルとともだちになりませんか？」や「お金《かね》をふりこみます」というメールが届《とど》いたことはありませんか？

街《まち》で「モデルになりませんか？」などと声《こえ》をかけられたことはありませんか？

あやしいと思《おも》いながらも、うれしいきもちがまさってしまうと「すこしなら……」とさそいにのってしまい、逆《ぎゃく》にお金《かね》を請求《せいきゅう》されたり、下着《したぎ》すがたやはだかの写真《しゃしん》の撮影《さつえい》をさせられそうになる（させられる）などの被害《ひがい》にあうことがあります。

◆知《し》っている人《ひと》でも気《き》をつけて

知《し》っている人《ひと》とのあいだでも、トラブルや被害《ひがい》にまきこまれる可能性《かのうせい》はあります。深夜《しんや》・早朝《そうちょう》の外出《がいしゅつ》や、人気《ひとけ》のない場所《ばしょ》へのさそいなど、「なにかヘンだな」と感《かん》じたら、いっしょに行《い》くのをやめます。個室《こしつ》などでふたりきりになるばあいは、できるだけドアをあけておくなどの工夫《くふう》をしておくとよいでしょう。

アドバイス

犯罪に巻きこまれないための一番の防衛策は、「もしかしたら」という状況に遭遇したときに、信頼できるおとなに相談できることです。家族、学校の先生、福祉関係者などの中に、信頼してなんでも話せる関係の人がいることが重要です。

万が一、子どもが被害を訴えてきた際は、その子を責めることなく傾聴することがたいせつです。「だから気をつけなさいって言ったでしょ！」などと、被害を受けた子どもが「自分が悪かったんだ」と思ってしまうような言葉がけは慎み、その子のきもちを受けとめながら「話してくれてありがとう」というメッセージを伝えます。

被害の内容によっては、警察などとの連携が必要になります。

この際に気をつけたいのが、いわゆる「セカンドレイプ」です。「セカンドレイプ」とは、性被害者がその後の聞き取りなどの場面で、責任転嫁されたり、好奇の目で見られたりすることなどによって、さらなる心理的ダメージを受けることです。関係者が協力しあい、本人の心理的負担を最小限にする工夫をしましょう。

46 だれかをきずつけないために

めやす 13～15歳

性的欲求は自然のもので、それをじょうずにコントロールすることがたいせつです。しかし、だれかを傷つける行為によって自分の欲求を満たすことは、許されないことで、犯罪です。

犯罪であることを知っていながら、おこなうことはもってのほかですが、ネットや雑誌から得たゆがんだ性情報によって行動して、結果的に相手も自分も傷ついてしまうことがあります。

思春期は、人間関係に悩み、こころもからだも大変不安定で傷つきやすい時期です。性的なからかいやいじめを防ぐためにも、「おたがいの立場が対等である」という気持ちを育みます。

1 つぎの行動《こうどう》について、あなたはどうかんがえますか？

❶ちかんをしても抵抗《ていこう》しない人《ひと》は、「さわられることがうれしい」のでやってもよい。

ちかんは犯罪《はんざい》です。ちかんに抵抗《ていこう》しない人《ひと》は、恐怖《きょうふ》におびえて抵抗《ていこう》ができないのです。すきでもない相《あい》手《て》からからだをさわられてうれしいと感《かん》じる人《ひと》はいません。

❷女性《じょせい》のスカートが短《みじ》かったので、スマートフォンのカメラでパンツの写真《しゃしん》を撮《と》った。

はだかや下着《したぎ》の姿《すがた》を断《ことわ》りもなく撮影《さつえい》することは、犯《はん》罪《ざい》です。そのまえに、知《し》らない人《ひと》に勝手《かって》に写真《しゃしん》を撮《と》られること自体《じたい》、きもちいいものではありません。その写真《しゃしん》を悪用《あくよう》されないか心配《しんぱい》です。

❸お酒《さけ》を飲《の》んだ相手《あいて》と、セックスする。

どちらか、または両方《りょうほう》の人《ひと》が酔《よ》っていて、正常《せいじょう》な判《はん》断《だん》ができない状態《じょうたい》でセックスをすることは、ケガや病気《びょうき》、望《のぞ》まない妊娠《にんしん》につながる危険《きけん》があるだけでなく、どちらかが納得《なっとく》していない場合《ばあい》、あとで相手《あいて》から訴《うった》えられることもあります。

2 セクハラは人《ひと》をきずつける

身近《みぢか》な人《ひと》から受《う》ける性的《せいてき》ないやがらせをセクシャルハラスメント（セクハラ）といいます。
ハラスメントは英語《えいご》で、苦《くる》しめること、いやがらせ、いじめを意味《いみ》しますが、優位《ゆうい》な立場《たちば》を悪用《あくよう》しておこなわれます。男性《だんせい》から女性《じょせい》、女性《じょせい》から男性《だんせい》、同性同士《どうせいどうし》でもおこなわれます。

3 相手《あいて》を尊重《そんちょう》する

年齢《ねんれい》、性別《せいべつ》、立場《たちば》などは関係《かんけい》なく、おなじ人間《にんげん》としてだれでも尊重《そんちょう》される権利《けんり》をもっています。これは日本国憲法《にほんこくけんぽう》にも規定《きてい》されている「だれもが生《う》まれながらにしてもっている平等《びょうどう》な権利《けんり》」（基本的人権《きほんてきじんけん》）です。人権《じんけん》は他者《たしゃ》と関係《かんけい》を結《むす》ぶ際《さい》に、けっして侵《おか》してはいけないもので、かならず守《まも》られなければなりません。

アドバイス

自分では意識していない行動や言動でも、受けた相手が傷つけば、それをおこなった側は「加害者」になります。

加害者は、「相手が誘ってきた」「しつけや教育の一環」などと、あたかも被害者に問題があるような主張をしますが、これはまったくまちがいです。ハラスメントかどうか、暴力であるかどうかは、受けた側が決めることです。

セクハラやＤＶは、身近にいる相手だから、家庭の中の問題だから、恋人同士のあいだのトラブルだから、問題にすること自体がおかしいという主張がありますが、当事者間でおこる問題だからこそ、発見されず被害が大きくなってしまうことがあります。

「相手のきもちを考えて行動しましょう」とよく言われますが、このことだけを強調すると、自分の価値観で相手のきもちを推し量って行動し、結果として相手を傷つけてしまうことがあります。性的趣向は個人によって違い、その許容範囲も異なります。相手のきもちを理解することのたいせつさをくりかえし教えます。

47 障害ってなんだろう？

めやす 13～15歳

　知的発達の遅れが比較的軽い人は、年齢が高くなるにつれて、自分が同年代の人たちとちがうことに気づくときがきます。

「自分はバカなんだ」「障害者なんだ」「なにもできないんだ」と感じ、それまでにきずいてきた自己肯定感を崩壊させることもめずらしくありません。これが、精神的に不安定で、多感な思春期に重なることも多く、まわりの配慮が重要になります。

　たいせつなことは、障害の存在をあいまいにしたり、ごまかしたりせず、きちんと事実に向き合わせることです。そのうえで、「あなたのたいせつさはかわらない」というメッセージを伝えつづけていきます。

1 みんなちがって、みんないい

私《わたし》が両手《りょうて》をひろげても、
お空《そら》はちっとも飛《と》べないが、
飛《と》べる小鳥《ことり》は私《わたし》のように、
地面《じめん》を速《はや》く走《はし》れない。

私《わたし》が体《からだ》をゆすっても、
きれいな音《おと》はでないけど、
あの鳴《な》る鈴《すず》は私《わたし》のように、
たくさんな唄《うた》は知《し》らないよ。

鈴《すず》と、小鳥《ことり》と、それから私《わたし》、
みんなちがって、みんないい。

「わたしと小鳥と鈴と」金子みすゞ

2 苦手《にがて》なこともあれば、得意《とくい》なこともある

みんな、あなたとおなじように、とっても苦手《にがて》なこともあれば、とっても得意《とくい》なこともあります。どんなことが苦手《にがて》でも、苦手《にがて》なことがたくさんあっても、そのひとの「価値《かち》」はかわりません。みんなおなじたいせつないのちをもった人間《にんげん》なのです。

3 困《こま》ったときはだれかに話《はな》してみよう

苦手《にがて》なこと、ひとりではむずかしいこと、わからないこと、たくさんあってもいいのです。
こまったときに助《たす》けを求《もと》めることは、はずかしいことではなく、生《い》きていくうえで、とても重要《じゅうよう》なことです。こまったときは、しんらいできるおとなの人《ひと》に相談《そうだん》します。

アドバイス

自分の障害にしっかりと向き合い、そのうえで自己肯定感を高めていくことは、性的存在としての自己を確固たるものにしていくためにも避けて通ることはできません。

障害の告知は、なによりもタイミングが重要です。本書では中学生くらいの段階に位置づけました。個人差が大きいので、本人の言動・ようすを観察して、適切なタイミングを判断し、そのタイミングを逃さないようにします。

もうひとつだいじなことは、支援者のあいだの連携・協力です。保護者・教師・支援者などが話しあいをおこない、だれが、いつ、どう伝えるのか、そして予想される反応とその対応について、事前にしっかり作戦を練っておき、支援者で共有をしておく必要があります。

伝えたその場では本人が納得したようにふるまうかもしれませんが、すぐにきもちが切りかえられることは少なく、ほかの人に泣きつくということもおこりがちです。

「泣きつかれる可能性のある支援者」は、十分に準備をしておく必要があります。

48 性同一性障害ってなに？

めやす 16～18歳

性同一性障害とは、「からだの性」と「こころの性」が一致しないことをいいます。性同一性障害の人の多くは、二次性徴によるからだの変化によって悩み始めます。自分のからだの性は男性なのに、自分では女性（あるいはその反対）と性を自認しているのです。

性同一性障害をカミングアウトした著名人には、はるな愛さん（タレント）、中村中さん（歌手）、川上あやさん（政治家）、虎井まさ衛さん（作家）などがいます。

発達に遅れがあるばあい、性自認がしにくかったり、からだの変化が受け入れられずに、混乱が大きくなったりします。

1 「からだの性《せい》」と「こころの性《せい》」がちぐはぐ

からだの性別《せいべつ》とは異《こと》なる性別《せいべつ》で生《い》きたいとねがい、性別《せいべつ》に違和感《いわかん》をもつ人《ひと》を「トランスジェンダー」といいます。
性別《せいべつ》の違和感《いわかん》によって社会生活《しゃかいせいかつ》に支障《ししょう》がでてくる状態《じょうたい》を「性同一性障害《せいどういつせいしょうがい》」といいます。

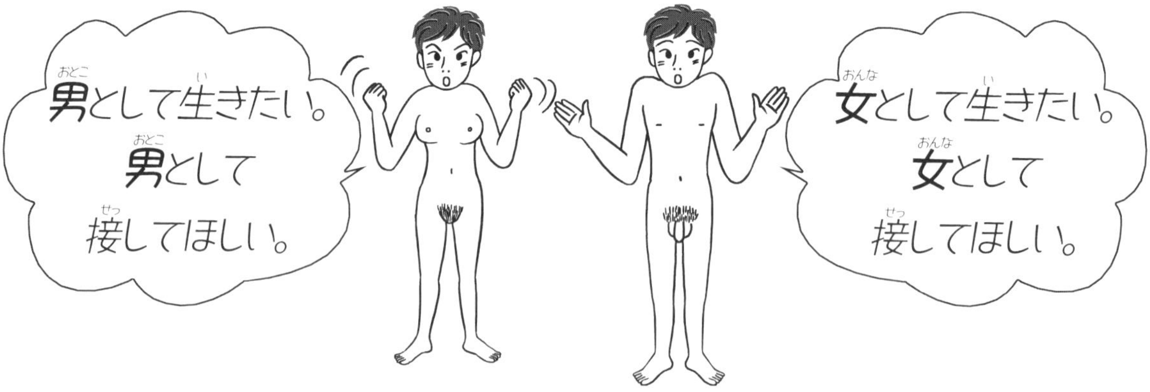
男《おとこ》として生《い》きたい。
男《おとこ》として
接《せっ》してほしい。
女《おんな》として生《い》きたい。
女《おんな》として
接《せっ》してほしい。

2 同性愛《どうせいあい》（ホモセクシャル）とどうちがう？

同性《どうせい》に恋愛感情《れんあいかんじょう》をもつ女性《じょせい》をレスビアンといいます。
同性《どうせい》に恋愛感情《れんあいかんじょう》をもつ男性《だんせい》をゲイといいます。
性同一性障害《せいどういつせいしょうがい》の人《ひと》も「こころの性《せい》」で恋愛感情《れんあいかんじょう》をもつので、異性愛《いせいあい》の人《ひと》も同性愛《どうせいあい》の人《ひと》もいます。
どちらの性別《せいべつ》を恋愛《れんあい》の対象《たいしょう》とするかということを性指向《せいしこう》といいますが、これは本人《ほんにん》が意識《いしき》して変《か》えられるものではありません。

僕《ぼく》のこころは男《おとこ》
同《どう》性《せい》愛《あい》
異《い》性《せい》愛《あい》

3 学校生活《がっこうせいかつ》のなかでの苦痛《くつう》

学校生活《がっこうせいかつ》には男女《だんじょ》で区別《くべつ》する規則《きそく》がたくさんあります。苦痛《くつう》がかさなり、たえられなくなると不登校《ふとうこう》やうつになることがあります。

●制服《せいふく》

制服《せいふく》はこころの性《せい》と異《こと》なる服装《ふくそう》を強制《きょうせい》するものです。

●トイレなどの施設《しせつ》

じぶんのからだ（とくにプライベートゾーン）をみられることは、とても苦痛《くつう》です。また、こころの性《せい》が男性《だんせい》の女子《じょし》にとっては、月経《げっけい》が苦痛《くつう》でしかたがありません。

●友《とも》だちとの関係《かんけい》

まわりのひとにからかわれたり、茶化《ちゃか》した話題《わだい》を平気《へいき》でされることは、なによりもつらいことです。

4 どのように「性同一性障害《せいどういつせいしょうがい》」と診断《しんだん》されるの？

ふたりの精神科医師《せいしんかいし》の意見《いけん》が一致《いっち》したとき「性同一《せいどういつ》性障害《せいしょうがい》」と診断《しんだん》されます。そして、性別《せいばつ》の不一致《ふいっち》による苦悩《くのう》や生活上《せいかつじょう》の問題《もんだい》をとりのぞくために医療《いりょう》のサポートが受《う》けられます。

専門医《せんもんい》がとてもすくないのが現状《げんじょう》です。また、18歳《さい》まではホルモン療法《りょうほう》は受《う》けられず、カウンセリングを中心《ちゅうしん》におこないます。

アドバイス

詳細な診断や治療に関しては、日本精神神経学会「性同一性障害に関する診断と治療のガイドライン」を参考にしてください。また、病院に関しては、インターネットの検索サイトに「性同一性障害のための医療機関等リスト」と入力して検索してください。

2003年7月「性同一性障害者の性別の取扱いの特例に関する法律」が成立、翌年7月に施行され、つぎの5つの要件を満たせば、家庭裁判所の審判により戸籍上の性別を変更できるようになりました。

①20歳以上である、②現に婚姻していない、③現に未成年の子がいない、④生殖腺がない、または生殖腺の機能を永続的に欠く状態にある、⑤そのからだについて、ほかの性別に係る身体の性器に係る部分に近似する外観を備えている。

このように、20歳以上で生殖器を手術していなければ戸籍の変更はできないという高いハードルがあります。多くの性同一性障害を抱える人たちが願っているのは、こころの性で社会生活を送りたいということです。性同一性障害に対する社会の理解がひろまることが必要です。

49 からだはお金で売り買いできません

めやす 16～18歳

子どもの性を「商品」として売り買いすることが、残念ながら至るところでおこなわれています。女の子の「性」が対象になることが圧倒的に多く、さらに、発達の遅れのある子は対象になりやすいと言えます。また、対象の低年齢化も進んでいます。

日本では「児童買春･児童ポルノ処罰法」によって、18 歳未満の買春、その勧誘、あっせん、児童ポルノ提供などが犯罪とされ、刑罰の対象になっています。

「性」を物品として売買することを「性の商品化」といいますが、子どもの「性」を売買する人びとから子どもたちを守るために、子どもはもとより、おとなも性暴力と社会環境の関係を学習することが必要です。

1 街《まち》で声《こえ》をかけられて

軽《かる》いきもちで撮《と》られた写真《しゃしん》が、投稿雑誌《とうこうざっし》に掲載《けいさい》されたり、ネット上《じょう》でばらまかれたりすることがあります。だんだんとエスカレートした要求《ようきゅう》をされ「商《しょう》品《ひん》」として利用《りよう》されていったり、一度約束《いちどやくそく》をしたあとにことわると「契約違反《けいやくいはん》だ」をおどかされ、あともどりできなくなったりするケースもあります。

きみ、かわいいね。
お金《かね》あげるから
写真《しゃしん》1枚《まいと》撮らせて！
1
お金《かね》もらえるんだから……減《へ》るもんじゃないし……
ちょっとだけスカートをめくってよ！
2
3
ねえねえ、これA子《こ》じゃない？
やるわね！
そうだわA子《こ》よ！
4
こんなことになるなんて！

2 興味本位《きょうみほんい》で誘《さそ》いにのって……

恋人《こいびと》がいなくても、セックスの経験《けいけん》がなくても、女性《じょせい》としての価値《かち》はさがるものではありません。じぶんのからだをお金《かね》で売《う》ることは、じぶんの人生《じんせい》を売《う》ることとおなじです。

ねえ、
お金《かね》あげるから
Hしない?

うそ!
イマドキ恋人《こいびと》いない女子なんて…
セックス経験《けいけん》ないの?
あなた遅《おく》れてる!
一度《いちど》くらい
経験《けいけん》しなよ!
旬《しゅん》がおわっちゃうよ!
賞味期限《しょうみきげん》が過《す》ぎてしまうし、
お金《かね》もらえるなら
いいかな…。

3 男《おとこ》の子《こ》もターゲットになります

商品《しょうひん》として利用《りよう》されるのは、女《おんな》の子《こ》だけではありません。男《おとこ》の子《こ》の「性《せい》」の売買《ばいばい》もふえています。かんたんにお金《かね》を稼《かせ》げるには、かならず「裏《うら》」があることに注意《ちゅうい》します。

かわいい、いい男《おとこ》…
これは金《かね》になる…
いっしょにドライブしてくれたら
お金《かね》をあげるよ。ほしいもの
なんでも買《か》ってあげるから…

4 もうけているのはだれ?

アドバイス

未成年者でもアダルトビデオが簡単に手に入れられるのが、日本の悲しい現状です。また、携帯やパソコンから、アダルトサイトに簡単にアクセスできる状態になっています。

これは子どもたちが無防備の状態で「性的虐待」を受けている事態といっても過言ではありません。過剰なポルノ情報は、少年期の発達段階に適さないばかりでなく、ゆがんだ性情報が子どもの人格形成に悪影響を与えることは指摘するまでもありません。こうした事態の是正が緊急の課題です。

子どもや女性を対象にした「性の商品化」がさまざまなかたちで進行していますが、個人のレベルから巨額のお金がうごく、国際的な犯罪組織が関わっているものまで、奥深い背景があります。国内法の整備や子どもの権利条約などの国際法の厳格な運用が必要です。

その動機はどうあれ、子どもたちが、自分の「性」を売り、安易にお金を得る経験をすると、まじめに働くことが困難になり、今後の生き方の選択肢を狭めるということも伝えていきます。

50 性のことはじぶんで決める

めやす 16～18歳

　性教育の第１の目標が「自己肯定感の獲得」だとしたら、最終目標は「性的自己決定権の保障」だと考えられます。障害者の性的自己決定権、そして、その決定をするための性教育を受ける権利は、国連障害者権利条約が認めた基本的人権の１つなのです。

　自分のこころ、からだ、いのちをどのようにかがやかせるか、そして、パートナーのこころとからだといのちを自分のとおなじようにたいせつにするにはどうすればよいか、これを考え、行動を決めるのは本人です。

　その判断のために必要な情報をしっかりと伝え、判断に困っているときは、相談にのったり、助言をしたりすることが支援者の役割です。

1 じぶんは？　相手《あいて》は？

おとなになるにつれ、性的《せいてき》な行動《こうどう》への欲求《よっきゅう》は強《つよ》くなります。「する」「しない」は、じぶん（たち）が決《き》めることです。じぶんや相手《あいて》のからだやこころをたいせつにした判断《はんだん》をすることが必要《ひつよう》です。「まだ、わからない」ときは、「まだ、しない」ほうがいいときです。

2 相手《あいて》と話《はな》しあっていますか？

子《こ》どもを何人《なんにん》産《う》むか、いつ産《う》むかのようなことは、ふたりの対等《たいとう》な関係《かんけい》のなかで話《はな》しあって決《き》めることです。子《こ》どもができたら、育児《いくじ》をしなくてはなりません。そのこともふまえて、話《はな》しあいます。

3 わからないことは「教《おし》えてください」

性《せい》に関《かん》することは、むずかしいこともたくさんあります。「おとなになってもわからない」ということはけっしてはずかしいことではありません。
たいせつなのは、わからないときには、しんらいできる人《ひと》に「教《おし》えてください」と聞《き》くことです。

4 気《き》になったときは相談《そうだん》しよう

「性器《せいき》がかゆい」といったからだの相談《そうだん》も、「セックスしようといわれたけど、どうすればいい？」といったこころの相談《そうだん》も、気《き》になることがあれば、ひとりで悩《なや》むのではなく、身近《みぢか》なしんらいできるおとなに相談《そうだん》します。

アドバイス

　あらゆる障害のある人の尊厳と権利を保障するために 2006 年に国連で採択された「障害者権利条約」（2014 年 2 月 19 日より日本でも効力が発生）によって、障害者に「子どもの数や出産の間隔について自由かつ責任をもって決める権利」が認められ、「生殖・出産・家族計画に関する教育を受ける権利」も保障されました。性的自己決定権と性教育を受ける権利は、一体のものです。
　発達に遅れのある子どもも、18 歳を過ぎると「おとな」として扱われます。おとなになる前に、性に関する一通りの学習がおこなわれる必要があります。少なくとも学校はその責任を負うべきです。また、それ以降も自分自身が「性的行動の主人公」という自覚をさらに高めていくための学びが不可欠です。地域のなかで障害者の性に関する相談を受け止める場、性的自己決定権をサポートする支援者の存在が重要になっています。

発達に遅れがある子どもの性教育をめぐって

この本をお読みになり、項目によっては、その内容や考え方に驚かれた方もいらっしゃると思います。

「私たちも含め、社会の多くの者は、性について正面から学んだ経験をもちません。そのために、どんなに優れた性教育教材でも、それをいきなりみせられれば、とまどいや羞恥心を抱いてしまいます」

この言葉は、ある知的障害特別支援学校の性教育の内容が争われた裁判（七生養護学校事件「こころとからだの学習」裁判）の際の弁護団の陳述です。

発達に遅れのある子どもに性教育が必要だという思いがあっても、どのようにしたらよいか迷って、なかなか前に進めない方もいらっしゃることでしょう。

●国際社会が認める権利としての性教育

「障害者権利条約」（第 23 条 1 （b））には、「障害のあるひとが、子どもの数及び出産の間隔について、自由にかつ責任をもって決定する権利、並びに、その年齢に適した情報や生殖・出産及び家族計画に関する教育にアクセスする権利」とあり、障害のある人も性教育を受ける権利があることが国際社会では確認されています。

「性教育は人権教育である」といわれます。障害者に対する性教育も基本的人権の尊重という大前提のもとに考えられるべきで、障害のある人びとの性をタブー視したり、抑圧したりするものではなく、豊かなセクシュアリティを育むための包括的な教育でなければなりません。

包括的な性教育は、性を禁止・抑圧したり、特定の価値観に基づく恋愛や結婚のあり方を押しつけたりするものではなく、科学的なさまざまな情報を基にして、自分やパートナーの尊厳をたいせつにしながら、自分がもっとも輝ける性行動を選ぶちからを身につけるためにおこなわれます。

●性被害・性加害の防止という「ねがい」

発達に遅れのある子どもたちの性教育に携わる人たちには、子どもたちが「性被害にあわないように」あるいは「性加害者にならないように」という「ねがい」があります。

「性被害にあわない」教育の一環として、プライベートゾーンを教え、他人がプライベートゾーンを侵害したら、大声で叫ぶ・走って逃げるなどの練習をすることがあります。こういった実践的な学習の効果を否定するものではありませんが、それ以前に身につけておきたい３つの重要な課題があります。１つめは自分のからだが大切であるという自覚、２つめは快いふれあいと不快なふれあいを弁別できるちから、３つめは、それらの根本となる「自分は大切である」というきもち、つまり自己肯定感です。

自己肯定感があり、自分のからだは大切であるという気持ちが育っていて、なおかつ、快・不快の弁別がつくからこそ、被害を避けたり、万が一の被害を訴えたりすることができるのです。そして、おとなになったときに、誰にならプライベートゾーンも含めたふれあいを許してよいのか判断できる力が身につくのです。

性加害については、紙幅の都合で詳細は省きますが、本来はもっと厳密な議論が必要なことです。ここで言えることは、発達に遅れのある子どもたちの性加害的行為の多くは、「禁止ばかりの性教育」や「性教育ゼロ状態」の結果として発生するということです。人は、文化や生活年齢に応じて、性的な興味関心を抱きます。これは発達に遅れがあっても例外ではありません。

例えば、女性のからだが自分のからだとは違うことに気づいた男の子がいたとします。彼は、よくわからない女性のからだを知りたいので、ある女性のからだを凝視したり、さわろうとしたりします。多くの支援者は、ここで、とにかく「ダメ！」と言うことでしょう。場合によってはかなり強い叱責をします。

この「ダメ！」は、とりあえず一時的に、その行動は止めることができるかもしれませんが、彼の中での「女性のからだにある違いを知りたい」というきもちは、抑圧されたままで解消されません。そして、禁止のメッセージを発した支援者の目の届かないところで、その抑圧されたものを爆発させることになってしまうのです。つまり、性についての学びの阻害が、性加害を助長しているということです。

冒頭で示した裁判の第2審判決（2013年11月・最高裁で確定）で、裁判官はつぎのように述べました。

「知的障害を有する児童・生徒は、肉体的に健常な児童・生徒と変わらないのに、理解力、判断力、想像力、表現力、適応力等が十分に備わってないがゆえに、また、性の被害者あるいは加害者になりやすいことから、むしろ、より早期に、より平易に、より具体的（視覚的）に、より明瞭に、より端的に、より誇張して、繰り返し教えるということなどが『発達段階に応じた』教育であるという考え方も十分に成り立ち得る」

これは障害児の性教育のあり方に関する卓見というべきでしょう。この判決文の実践化こそが、真の性被害・加害防止につながる性教育のあり方です。

●セクシュアルマイノリティについて

本書ではインターセックス、性同一性障害、同性愛などのいわゆる「セクシュアルマイノリティ」について一定のページをさきました。発達に遅れのある子どもたちには、性的アイデンティティの自己認識が難しいばあいがあるからです。

これに留意せず、保護者や支援者が、その子を「身体的な性別と性自認が一致している異性愛者である」と一方的に決めつけてしまっているケースがあまりに多いという現実もあります。

発達の遅れとセクシュアルマイノリティという二重の困難を抱えている子どもの存在に、支援者はもっと敏感になる必要があります。

●セックスを奨励しているのでは？

性教育をおこなう必要があると主張すると、「セックスを奨励することになるのでは？」という懸念を抱く方に出会います。

性的自己決定権をあえて単純に言えば、セックスをだれといつ、どのようにするかを自分で決定する権利ということになります。その権利の行使にはパートナーとの合意が前提になります。この合意にたどり着くにはセックスについての理解や、それに伴うリスクとその回避方法に関する知識が不可欠で、パートナーの意見を尊重するためには「相手のこころ・からだはたいせつである」という意識が育っていなくてはなりません。こういった一通りのことを身につけたうえではじめて、セックスをするかどうかという自己決定ができる段階になります。自分の中でじゅうぶんな自覚が育つまで、セックスには慎重であるべきだという判断力を養うのが性教育の役割なのです。

つまり、性教育はセックスを奨励するのではなく、また、一方的に禁欲を強いるものでもなく、人間関係のとても重要なコミュニケーションとしてセックスを位置づけたうえで、性的自己決定権を行使するために必要なことを学んでいくプロセスなのです。

●マスターベーションの価値

発達に遅れのある子どもたちのばあい、青年・成人期になっても、セックスが現実的な課題にならないケースも少なくありません（ただし、それを決めるのは本人であって、保護者や支援者ではありません）。

マスターベーションについては、かなり多くのケースで実際の課題になっています。かつてはマスターベーションの是非が論議されましたが、最近では、自立に向けた発達課題の１つとして積極的に取り上げられ、とりわけ男の子については、「マスターベーションできるちから」がきちんと身につくことが肝心であると考えられるようになっています。

しかるべきタイミングで、マスターベーションをマスターできなかった子ども、あるいは「禁止」のメッセージが押しつけられた子どもでは、性的コンプレックスによって、性器を傷つけるような行為が誘発される恐れが指摘されています。マスターベーションの禁止は、まったく意味がないどころか、より深刻な問題を誘発するのです。

ひとりでマスターベーションができないケースでは、肉親以外の同性支援者の適切な支援が必要になります。

●障害が重度のばあい

とりわけ、発達の遅れが顕著な子どもたちを支援している方々から、性教育は「別世界の話」という反応が返ってくることがあります。

このように感じられる方には、２つの立場があるようです。
１つ目は、重度障害で性に関していかなる認識も得ることが困難な発達段階の子どもたちを支援しているばあいです。
２つ目は、子どもたちにはその要求があるにも関わらず、支援者が性教育に踏み出せないいいわけとして、「障害が重度だから」ということばを利用しているばあいです。
一般に発達に遅れがある子どもの性教育を考える際、その遅れの「程度」を配慮すべきことはいうまでもありませんが、単純に「重度だから無理」と判断しているとしたら、２つ目の立場ではないか、自問自答する必要があります。
発達の遅れのあらわれ方は千差万別ですから、すべての子どもに本書で紹介した項目のすべてが課題にはなるわけではありませんが、発達段階を見極めたうえで、障害が重度のばあいも、学習集団のちからを利用した性教育の実践に取り組んいただければと思います。

障害をもつ子どもたちに対する性教育は、研究、実践の浅い分野で、ごくわずかな蓄積があるだけです。この本は、私たちが先人たちの残した貴重な経験と手探りの実践によって蓄積してきた理論と方法をベースに性教育の内容・方法の一端を紹介したに過ぎません。支援のあり方を検討する際、おとなが事前に学ぶものとしても、本書を役立てていただければ幸いです。
さらに、時代は変化していき、性に関わる科学的な理解も深まるでしょうし、文化的な変化も起こります。これからも、ともに学びを深め続けていきたいと思います。

伊藤 修毅

■参考になる本

■書　籍

『ジェンダーフリー・性教育バッシング』浅井春夫ほか［編著］大月書店（2003 年）
『子どもの性的発達論【入門】』浅井春夫［著］十月舎（2005 年）
『はじめよう！　性教育』浅井春夫［著］ボーダーインク（2012 年）
『科学でわかる男と女になるしくみ』麻生一枝［著］ソフトバンククリエイティブ（2011 年）
『性別が、ない！』新井翔［著］ぶんか社（2005 年）
『こころをみつめて』大高一夫ほか［著］群青社（2011 年）
『みんなのH　ガールズ編』河野美香［著］講談社（2001 年）
『みんなのH　ボーイズ編』河野美香［著］講談社（2002 年）
『七生養護の教育を壊さないで』刊行委員会［編］つなん出版（2004 年）
『知的ハンディをもつ人々への性教育・エイズ教育』北沢杏子［著］アーニ出版（1996 年）
『男の子のからだの絵本』北沢杏子［著］アーニ出版（2000 年）
『知的障害をもつ子どもの性教育・性の悩みＱ＆Ａ』北沢杏子［著］アーニ出版（2005 年）
『〈しょうがい〉のある思春期・青年期の子どもたちと〈性〉』木全和巳［著］かもがわ出版（2011 年）
『０歳からの性教育読本』キム・ミョンガン［著］阪急コミュニケーションズ（2006 年）
『SEX & our BODY　10 代の性とからだの常識』河野美代子［著］日本放送出版協会（2005 年）
『学び合い・育ち合う子どもたち』品川文雄ほか［著］全国障害者問題研究会出版部（2009 年）
『自立生活ハンドブック⑯ 性・say・生』全日本手をつなぐ育成会［編］全日本手をつなぐ育成会（2005 年）
『からだほぐしを楽しもう①』高橋和子ほか［著］汐文社（2002 年）
『イラスト版 10 歳からの性教育』高柳美知子［編］合同出版（2008 年）
『いのち　幼児がじっと聞き入る絵本リスト 55 ＋ 85』種村エイ子［著］明治図書出版（2007 年）
『思春期の性教育　よくわかる男子の性・女子の性』田村通子［著］東山書房（2011 年）
『知的障がい児のための「こころとからだの学習」』『知的障がい児のための「こころとからだの学習」』編集委員会［編著］明石書店（2006 年）
『男の戸籍をください』虎井まさ衛［著］毎日新聞社（2003 年）
『障害児（者）のセクシュアリティを育む』“人間と性”教育研究協議会・障害児サークル［編］大月書店（2001 年）
『人間発達と性を育む』“人間と性”教育研究協議会［編］大月書店（2006 年）
『ライオンさんにはなそう』パトリシア・キーホー［著］田上時子［訳］木犀社（1991 年）
『10 代からのセイファーセックス入門』堀口貞夫ほか［著］緑風出版（2005 年）
『SEXOLOGY NOTE』村瀬幸浩［編著］十月舎（2004 年）
『愛と性なんでも事典　中学生からのセクソロジー入門Ｑ＆Ａ』山本直秀ほか［編］一光社（1993 年）
『心とからだの主人公に』山本直秀［監修］大月書店（1994 年）

■雑　誌

「季刊セクシュアリティ」“人間と性”教育研究協議会、エイデル研究所

■編著者

伊藤修毅（いとう・なおき）

日本福祉大学子ども発達学部准教授

“人間と性”教育研究協議会　障害児・者サークル代表

1974年、神奈川県川崎市生まれ。

1998年、東京国際大学教養学部人間関係学科卒業後、北海道の公立学校教員、高等養護学校（2校）の教諭を計9年間勤める。

2007年に退職し、大学院へ。

2009年、奈良教育大学大学院教育学研究科教育実践開発専攻教育臨床・特別支援教育専修特別支援教育分野修士課程修了。修士（教育学）取得。

2012年、立命館大学大学院社会学研究科応用社会学専攻博士後期課程修了。博士（社会学、立命館大学）取得。2012年から現職。

専門：特別ニーズ教育、障害者の就労支援、障害児・者のセクシュアリティ教育

所属学会：日本特殊教育学会、日本特別ニーズ教育学会、日本社会福祉学会、日本職業リハビリテーション学会

■執筆者

東　みすゑ　（“人間と性”教育研究協議会　障害児・者サークル）

鈴木　良子　（“人間と性”教育研究協議会　障害児・者サークル）

奥井　瞳　（“人間と性”教育研究協議会　障害児・者サークル）

千住　真理子　（せいかつをゆたかに実行委員会）

土井　美穂　（せいかつをゆたかに実行委員会）

駒　俊之　（せいかつをゆたかに実行委員会）

川口　慎司　（せいかつをゆたかに実行委員会）

兎内　香保留　（せいかつをゆたかに実行委員会）

坂本　彩　（彩社会福祉士事務所）

高木　伸斉　（障害福祉サービス事業所 Quocare）

本文・カバーイラスト　しまむらゆかり

装幀　守谷義明＋六月舎

本文デザイン　佐藤健＋六月舎

組版　Shima.

イラスト版
発達に遅れのある子どもと学ぶ性のはなし
子どもとマスターする性のしくみ・いのちの大切さ

2013年10月10日　第1刷発行
2021年 9 月30日　第6刷発行

編著者　伊藤　修毅
発行者　坂上　美樹
発行所　合同出版株式会社
東京都小金井市関野町1-6-10
郵便番号 184-0001
電話 042（401）2930
URL：https://www.godo-shuppan.co.jp
振替 00180-9-65422
印刷・製本　株式会社シナノ

■刊行図書リストを無料送呈いたします。
■落丁乱丁の際はお取りかえいたします。

ISBN978-4-7726-1100-8　NDC378　257×182